Ricarda C. RexX
Tausche Mann – Mord geht auch
Kurzgeschichten, Kurzkrimis, (Krimi-) Gedichte

Ricarda C. RexX

Tausche Mann – Mord geht auch

Kurzgeschichten, Kurzkrimis, (Krimi-) Gedichte

Rediroma-Verlag

Bibliografische Information der Deutschen Nationalbibliothek:
Die Deutsche Nationalbibliothek verzeichnet diese Publikation in der Deutschen Nationalbibliografie; detaillierte bibliografische Daten sind im Internet über http://dnb.ddb.de abrufbar.

ISBN 978-3-96103-011-8

Umschlagillustration: Ricarda C. RexX
Innenillustrationen: Petra Herold

www.rediroma-verlag.de
8,95 Euro (D)

Inhaltsverzeichnis

Vorwort

»Tausche Mann – Mord geht auch« ist eine Anthologie mit Kurz-Kriminalgeschichten, Kurzgeschichten und Mord(s)gedichten.

Es wird gemoppt, betrogen, fantasievoll gemordet, aber auch – manchmal mit List und Tücke – geliebt! Die Anthologie bietet ein kurzweiliges und spannendes Lesevergnügen, bestehend aus schwarzhumorigen, nachdenklichen, amüsanten oder erotischen Geschichten und Gedichten, aber auch aus heimtückischen Morden:

Im Büro weht durch den neuen Chef plötzlich ein anderer Wind. Wer dem dynamisch-jungem Team nicht gewachsen ist, wird rausgemoppt. Unverhofft wittert eine ältere Kollegin ihre Chance, sich zu wehren. Die Nebenbuhler werden freundlich, aber mit tödlichen Nebenwirkungen beseitigt. Wehrhaft verhält sich auch eine Dame aus dem horizontalen Gewerbe. Als eines Nachts ihre Freundin verschwindet, sagt sie ihrem Zuhälter den Kampf an. Warum ein Skelett nicht reden kann, aber dennoch viel zu sagen hat, warum es manchmal besser ist, zu reden als zu handeln, und welche unglaublichen Einfälle Frauen sonst noch so haben, wenn sie Männer verführen, an sich binden oder gar loswerden wollen – die spannenden und skurrilen Einfälle der Anthologie »Tausche Mann – Mord geht auch« bieten der Leserin, aber auch dem Leser, auf jeden Fall eine fesselnde Unterhaltung von der ersten bis zur letzten Seite.

Ricarda C. RexX
Autorin

Tausche Mann ...

Sven war für Tine wie ein Geschenk des Himmels. Endlich hatte Gott ihr Flehen erhört! Sie war rundherum glücklich und zufrieden – etwa ein Jahr lang!

Dann plötzlich war der Spuk vorbei, genauso schnell, wie er begonnen hatte. Aus ungeklärter Ursache gab es eine Veränderung, die mit sofortiger Wirkung dazu führte, dass Tine wieder klar denken konnte – und nicht nur das!

Von jetzt auf gleich konnte sie auch wieder normal sehen, so ganz ohne »rosarote Brille«, und – oh Schreck – sogar riechen und hören! Sämtliche Sinnesorgane wurden reaktiviert und schlugen Alarm. Als dies geschah, lag sie gerade neben Sven im Bett und starrte die Decke an. Der Mann ihrer Träume hatte sich – nach vollbrachtem Beischlaf – im Bett herumgedreht, ihr den verschwitzten Hintern zugewandt und war innerhalb von einer Sekunde eingeschlafen. Wie ihm dieses Kunststück immer wieder gelang, war ihr suspekt. Wenn die vorangegangenen Turnübungen (und die damit verbundenen Anstrengungen!) auch zu ihrer Zufriedenheit verlaufen wären, hätte sie vielleicht ebenso glücklich einschlafen können, aber stattdessen lag sie wach und hörte seinen höchst ungewöhnlichen Schnarchgeräuschen zu. Als ob er einen kompletten Wald absägt und dabei gleichzeitig versucht, mit dem Mund Fliegen zu fangen, dachte sie ernüchtert. Eventuell hätte diese Tatsache alleine ihrer großen Liebe nichts anhaben können, wäre da nicht noch zusätzlich eine auffällige optische Ergänzung gewesen. Sie hörte wie hypnotisiert auf die Töne, die der Liebste von sich gab, als die Geräusche plötzlich und unerwartet völlig verstummten. Er atmet nicht mehr, dachte sie erschrocken, setzte sich im Bett auf und beugte sich vorsichtig über ihn. Genau in diesem Moment setzte das sägende Fliegenschnappen wieder ein, optisch unterstrichen durch seinen offenen Mund, aus dem gerade etwas Speichel heraustropfte. Die kleine Wandleuchte verbreitete zwar nur ein sehr dezentes Licht im Schlafzimmer, aber es reichte völlig aus, um alles gut zu sehen, sogar das, was man eigentlich nicht sehen wollte. »Schatzi?«, flüsterte sie leise, bevor ein ausgiebiger Pups von »Schatzi« sie zum sofortigen Rückzug auf ihre Bettseite zwang.

Diese eine Nacht veränderte für Tine alles. Wie hatte sie nur so blind und taub sein können? Tine wollte Sven wieder loswerden – je eher, desto besser!

Sie pries ihn ihren »unbemannten« Arbeitskolleginnen an, schleppte ihn mit auf Single-Partys, überrede ihn, mit seinen Freunden auszugehen und, und, und ... Ihr Einfallsreichtum kannte keine Grenzen, doch sie wurde ihn nicht los. Was war nur mit den Frauen los, dass keine anbiss? Sonst nahmen die doch jeden Mann, den sie kriegen konnten. Tine verstand die Welt nicht mehr. Sven sah wirklich blendend aus, dass er nur ein Blender war, konnte keine Frau auf Anhieb erahnen. Dieser Mann war groß, braungebrannt, hatte unglaublich blaue Augen und eine schulterlange blonde Mähne, die jede Frau neidisch werden ließ. Ziellos lief Tine durch die Straßen und hätte vor lauter Grübelei fast vergessen, Lebendfutter für ihre Echse »Sam« zu holen. Kurz vor Geschäftsschluss stürmte sie abgehetzt in das Zoofachgeschäft ihres Vertrauens. Rasch schnappte sie drei Päckchen mit Kakerlaken und eilte damit zur Kasse.

»Das macht dann 15 Euro«, sagte die Kassiererin unwirsch und schaute demonstrativ auf die Uhr.

»15 Euro?«, fragte Tine und zuckte zusammen. »Das sind drei Euro mehr als vor zwei Wochen. Woanders werden Kakerlaken zerquetscht und hier werden sie bald mit Gold aufgewogen.«

Tine tippte mit dem Finger auf die Päckchen. »Mir scheint, es wurden auch weniger Tiere eingefüllt ..?«

»Es zwingt Sie keiner, bei uns die Kakerlaken zu kaufen. Vielleicht entscheiden Sie sich dennoch etwas schneller, was sie nun wollen – ich rechne jetzt meine Kasse ab!«

»Ist ja schon gut«, missmutig knallte Tine einen 20-Euro-Schein auf die Theke.

Unglaublich, wie teuer dieses Ungeziefer ist, dachte sie erbost, während sie das Wechselgeld einsteckte und den Laden wieder verließ.

Als Tine die Päckchen sicher im Auto verstaute, schaute sie sich die Tiere zum ersten Mal genauer an. Eigentlich waren sie recht hübsch, fiel ihr plötzlich auf. Ihr Panzer glänzte wie Ebenholz – das hatte sie so noch nie bemerkt.

»Und vermutlich furzen sie auch nicht …«, murmelte Tine.

Vielleicht sollte sie Sven gegen einige Päckchen Kakerlaken eintauschen? Bei den Preisen wäre das ein gutes Geschäft. Der Zoo-Markt würde sich auf den Deal wohl eher nicht einlassen. Tine grinste. Die Idee war aber richtig gut!

Einige Tage später hockte Tine lustlos vor ihrem PC. Die Arbeit ging ihr nur schwer von der Hand. Sie war müde und extrem unmotiviert. Um sich abzulenken, tippte sie in einer Suchmaschine verschiedene Begriffe ein. Wie viele Menschen unter »Bekanntschaften« einen Partner oder eine Partnerin suchten, war schon enorm. Fast wie ferngesteuert tippten ihre Finger in einer Partner-Suchbörse den Text ein:

»Tausche Mann, 1,82, schlank, blond, gutaussehend, gegen Kakerlaken. Mindestabgabegebot: Drei Päckchen.«

Sie kicherte amüsiert. Das war doch mal eine Suchanzeige! Als sie den Text wieder löschen und die Seite schließen wollte, passierte ihr das unfassbare Missgeschick: Sie drückte versehentlich eine falsche Eingabe, das System reagierte zunächst nicht mehr, worauf sie eine Reihe von Tasten drückte, um die Internetseite wieder zu verlassen, und plötzlich erschien der Text:

»Ihre Anzeige wurde erfolgreich geschaltet!« Vor lauter Schreck warf Tine ihre halbvolle Kaffeetasse um. Das Getränk ergoss sich erbarmungslos über alle auf dem Schreibtisch befindlichen Papiere und teilweise auch über die Eingabetastatur. Als Tine alles so halbwegs wieder gesäubert hatte, erstarrte sie bei einem Blick auf die Uhr. Oh nein, sie hatte völlig ihren Termin beim Zahnarzt vergessen … Den Eintrag würde sie später wieder löschen – auf so einen Blödsinn würde sich ohnehin niemand melden.

Tine fuhr das System runter, schaltete alle Geräte aus und machte sich mit fliegenden Fahnen auf den Weg zum Zahnarzt. Gerade noch in der Zeit stürmte sie ins Wartezimmer. Natürlich wäre die Eile nicht von Nöten gewesen, denn sie musste noch fast fünfzehn Minuten warten, bevor sie ins Behandlungszimmer gerufen wurde und der Arzt mit seiner Quälerei begann. Als Tine – gefühlte Stunden später – wieder nach Hause kam, begann gerade ihre Lieblingsserie im Fernsehen. Sven konnte sie heute nicht stören, der war für eine Woche auf Dienstreise. Sie machte es sich auf dem Sofa gemütlich und schlief irgendwann ein. An die Anzeige im Internet dachte sie nicht mehr.

Erst am Wochenende erinnerte Tine sich an ihren ungewollten Eintrag. Sie rief die Internetseite auf und war völlig verblüfft, eine Antwort erhalten zu haben. Diesen Gaudi würde sie mitmachen! Mit Erheiterung antwortete sie einer gewissen Petra, die an ihrem Prachtexemplar von Mann Interesse zeigte. Die Gute schien Humor zu haben, denn sie spielte das Spielchen mit. Mal sehen, wie humorvoll Sven mit der Situation umgehen würde ... Vorsorglich und heimlich packte Tine Svens Klamotten in zwei Koffer (mehr hatte er nicht bei ihr untergebracht, alles andere hatte er noch bei seinen Eltern deponiert) und versteckte diese hinter der Schlafzimmertür.

Dann kam der Tag der Wahrheit. Sven, der inzwischen wieder zu Hause eingetroffen war, hockte vor dem Fernseher. Zwischen Nachrichten und Krimi schellte es und besagte Petra erschien mit viel Power und keinen Widerspruch duldend im Türrahmen.

»Wo ist er denn«, fragte sie resolut und stürmte direkt ins Wohnzimmer. Dem unter Schock stehenden Sven erklärte sie kurz und bündig die Sachlage, griff, ohne lange zu fackeln, nach seiner Hand und den beiden Koffern, die Tine ihr höflich anreichte, und drückte ihr zeitgleich eine Tüte mit sagenhaften zwölf Päckchen Kakerlaken in die Hand.

»Nun komm schon«, befahl sie barsch und zog Sven aus der Wohnung. Die Tür fiel hinter den beiden ins Schloss, ohne dass sie dem überrumpelten Sven auch nur die Chance auf einen letzten Pups gelassen hätte.

Die filmreife Aktion von Petra machte nicht nur Sven, sondern auch Tine sprachlos.

»Was war das denn jetzt?«, fragte sie laut in den Raum, bevor sie zum Fenster eilte und einen Blick auf die Straße warf. Sie sah gerade noch, wie Sven tatsächlich in ein dunkles Auto einstieg und selbiges mit quietschenden Reifen um die nächste Straßenecke verschwand. Sven hatte kein einziges Wort mehr mit ihr gesprochen. Tine fragte sich, wann er wieder auftauchen würde. Sie konnte nicht einschätzen, ob er den Spaß einfach mitgespielt hatte oder ob er total sauer war. Man würde sehen!

Etliche Tage vergingen, ohne ein Lebenszeichen von Sven. Es war ihr schon fast unheimlich, aber Tine vermisste ihn nicht die Bohne. Fort ist fort, dachte sie und genoss die Zeit ohne ihn regelrecht. Einen Nachnamen oder eine Adresse von dieser Petra hatte sie ohnehin nicht. Vielleicht hatte die Gute ihn ans Bett gefesselt, damit er nicht weglaufen konnte. Die Vorstellung löste bei ihr einen sofortigen Lachkrampf aus.

»Egal«, murmelte Tine, »sie wird ihn schon nicht ermorden!«

Reumütig suchen würde sie nach Sven nicht, so viel stand fest!

Für seine Eltern, bei denen er vermutlich beleidigt untergetaucht war, hatte sie ohnehin nicht das Niveau, das diese sich für ihren Sohn wünschten – der Anlaufort schied für eine Nachfrage direkt aus.

Als Tine – zwei Wochen und drei Tage nach dem überraschenden Auszug von Sven – ihren Einkaufswagen durch den Supermarkt schob, traf sie zufällig auf Petra.

»Hallo, was macht die Liebe«, fragte Tine scheinheilig und gab der »neuen Besitzerin« grinsend die Hand.

»Ach, Sie sind es«, Petra schien erfreut. »Ich hatte schon überlegt, Sie mal anzurufen. Haben Sie etwas Zeit? Ich lade Sie zum Kaffee ein. Vielleicht können wir uns auch duzen, das ist doch netter!«

Überrumpelt und neugierig willigte Tine ein – zum Kaffee und zum Duzen.

Nach einer Tasse Kaffee und einigen (trotzt intensivem Protest) bestellten Schnäpsen, ließ Petra die Katze aus dem Sack:

»Warum hast du mir nicht gesagt, was für ein Arsch dieser Mann ist«, entrüstete sie sich und kippte den Anisschnaps runter.

»Du hättest mir nicht geglaubt!«

Tine zuckte hilflos mit den Schultern.

»Stimmt!«

»Und nun?«

»Ich habe schon gehandelt!«, Petra bekam einen Lachanfall. »Mein Text lautete: Zu verschenken an Selbstabholer.«

»Das hast du nicht wirklich getan …«, sagte Tine und forschte in Petras Gesicht nach dem Wahrheitsgehalt dieser Aussage.

»Doch, ich habe …«, prustete Petra und krümmte sich vor Lachen.

»Wer hat ihn denn genommen?«, wollte Tine, die sich nun auch nicht mehr beherrschen konnte, nach Luft schnappen wissen.

»Ein gewisser Detlef aus Köln...«, röchelte Petra.

»Nein!?«

»Doch! Ich schwöre!«

»Ist er ..?«, Tine traute sich kaum, den Satz zu vollenden.

»Aber so was von wie!«

Petra wischte sich mit einem Taschentuch die Tränen ab.

»Aber tröste dich, der ist nicht nur total schwul, sondern auch total sympathisch – und auf den Spaß hat er sich sofort eingelassen!«

»Meine Güte!«, stöhnte Tine. Sie konnte es nicht fassen. »Seit wann ist Sven denn schwul? Davon habe ich nie etwas gemerkt!«

»Ich auch nicht, aber der war so gekränkt, dass er ohne ein weiteres Wort mit Detlef verschwunden ist.«

»Wenn dir dieser Detlef so sympathisch war, dann hättest du ihm das sagen müssen, was ich bei dir damals versäumt habe…«

»Was meinst du genau?«, Petra stutzte.

»Na, dass Sven ein Arsch ist!«

»Überflüssig, das wusste er!«

»Wie kommst du darauf?«

»Der Gentlemen aus Köln ließ Sven den Vortritt, als sie gingen. Er betrachtete deinen Ex dabei von oben bis unten und wieder zurück, drehte sich zu mir herum und flüsterte verzückt: 'Was für ein Arsch …!'«

Schöner Wohnen

Man nannte sie »Die Meisterin«,
sie kochte voller Leidenschaft.
Sie gab sich ganz den Speisen hin
und schöpfte daraus ihre Kraft.

Ihr Leben war nicht immer leicht,
ihr Mann der trank – und zwar zu viel.
Das Eheleben war nur seicht
und längst nicht mehr ein Liebesspiel.

Der Wodka floss in Strömen täglich –
der Gatte hasste Arbeit sehr.
Besoffen war er unerträglich
und machte ihr das Leben schwer.

Sie dachte oft: »Was kann ich machen?«
und grämte sich dann immer mehr.
Sie dachte an verschied'ne Sachen
und plötzlich kam ein Lichtblick her.

In einer Zeitung stand geschrieben:
»Probieren Sie die Speisen aus!
Ihr Mann, er wird Sie dafür lieben
und es verschönert auch ihr Haus.

Zuerst sammeln sie bunte Blätter,
die jetzt der Herbst zu Boden weht.
Hübsch dekoriert wird alles netter,
wir zeigen Ihnen, wie das geht.

Dann gehen Sie im Wald spazieren
und sammeln Pilze mit Bedacht.
Sie können später dann dinieren,
mit dem, was Sie nach Haus gebracht.

Ein Pilzsüppchen – köstlich und fein –
das ist ein wahrer Gaumenschmaus,
es stimmt auf weit're Speisen ein,
verbreitet Duft im ganzen Haus.

Vom Rindersteak ein zartes Stück,
garniert mit Pilzen hier und da,
was braucht man mehr zu seinem Glück,
da werden viele Träume wahr.«

Begeistert las sie den Bericht
und war davon ganz angetan.
Sie sah am End' des Tunnels Licht
und schmiedete sogleich ein Plan.

Zum Waldgebiet war's nicht so weit,
sie wetzte schon das Messer,
sie hatte ja nicht ewig Zeit –
je eher, desto besser!

Der Gatte war dann hocherfreut
und küsste ihre Wange,
sie trug dazu ihr schönstes Kleid –
es war ja nicht für lange ...

Die Speisen mundeten recht gut,
dem Gatten schien's zu schmecken
und sie war mächtig auf der Hut,
keinen Verdacht zu wecken.

Sie selbst aß von den Pilzen nie,
das war auch zu verstehen,
sie hatte eine Allergie,
da war das einzusehen.

Der Herr Gemahl nahm dafür mehr,
sie freute sich darüber.
Sie holte noch mehr Pilze her
und reichte sie ihm rüber.

Doch plötzlich ging es ihm ganz schlecht,
er krümmte sich vor Schmerzen.
Ihr war der Umstand äußerst recht –
es ging ihr nicht zu Herzen.

Der Tod er kam dann ziemlich schnell,
draußen graute der Morgen.
Der Tag wurde dann schön und hell –
und sie war frei von Sorgen!

Freitagsschnittchen

Am ganzen Körper zitternd wie Espenlaub stand Gerlinde Müller auf dem Stuhl und schrie was das Zeug hielt.

Im Nebenzimmer ließ Waltraud Huber erschrocken einen Ordner fallen, den sie soeben wieder in den Schrank räumen wollte.

»Oh Gott, Katastrophenalarm!«, kreischte sie und eilte hysterisch ans Fenster.

Das monotone, sirenenartige Geheul schien immer lauter zu werden, aber es kam nicht von draußen.

»Machen Sie sich nicht lächerlich!«, sagte Claudia Mauter und stand gelangweilt auf. »Die Katastrophe ist direkt nebenan ausgebrochen«, grinste sie und ging zur Tür.

Kaum, dass sie die Tür geöffnet hatte und auf den Flur hinaustreten wollte, bekam sie einen Stoß in die Seite, so dass sie vor Schmerz aufschrie.

»Sie blöder Idiot!«, fauchte sie und rieb sich die schmerzende Stelle.

Thomas Walter, der sie angerempelt hatte, hörte es nicht mehr. Er war schon weitergeeilt und in das nächste Büro verschwunden. Dort war inzwischen die halbe Firma versammelt.

Gerlinde Müller hatte zwar aufgehört zu schreien, sah aber nun so aus, als wenn sie jeden Moment tot umfallen würde. Das Gesicht puterrot angelaufen und hektisch nach Luft schnappend, versuchte sie mit einzelnen Wortfetzen und wilden Gesten ihre Retter in verschiedene Richtungen zu delegieren.

»Ich habe sie!«, rief Horst Meier siegessicher und er warf sich mutig auf das schreckliche Ungeheuer um es einzufangen.

Thomas Walter und Gernot Hasebrink standen etwas abseits in einer Ecke und schüttelten sich vor Lachen.

»Was ist denn hier los?«, schnauzte Friedhelm Haiden. Er hatte unbemerkt den Raum betreten und schlagartig verstummte jedes Geräusch. Wenn der Chef diesen Ton anschlug, dann war mit ihm nicht gut Kirschen essen. Wie von Geisterhand leerte sich das Büro und übrig blieb nur Gerlinde Müller, die immer noch auf dem Stuhl stand und jetzt am liebsten im Erdboden versunken wäre.

»Es tut mir so leid«, sie räusperte sich verlegen. »Da war diese Maus in meiner Schublade ...«

Haidens Augen durchbohrten sie wie Spieße. Wortlos verließ er den Raum und schmiss die Tür hinter sich zu.

Gerlinde Müller atmete tief durch. Tränen liefen ihr über das Gesicht.

»Wie soll ich das aushalten?«, flüsterte sie leise.

Sie putzte sich geräuschvoll die Nase und versuchte, sich wieder zu beruhigen. Vor einem Monat hatte sie ihren zweiundfünfzigsten Geburtstag gefeiert. Seit achtundzwanzig Jahren war sie jetzt in dieser Firma tätig. Sie gehörte somit zum »Urgestein« des Kölner Unternehmens, das in zwei Jahren sein dreißigstes

Firmenjubiläum feiern würde. Sie seufzte auf, als sie zurückdachte. Es war eine wirklich schöne Zeit gewesen – jedenfalls bis vor drei Jahren.

Kaum war der langjährige Geschäftsführer Dr. Gerd Wolfrat in den Ruhestand gegangen, stand schon ein neuer Chef parat, der sich als Friedhelm Haiden vorstellte.

»Hier wird jetzt ein frischer Wind wehen!«, trumpfte Haiden sofort am ersten Tag auf und runzelte missmutig die Stirn. »Wer nicht mit mir am gleichen Strang zieht, der kann sich sofort nach einem anderen Arbeitsplatz umsehen«, tönte er cholerisch.

Von dieser Minute an war alles anders geworden im Unternehmen: Ältere Kollegen hörten überraschend auf und neue Mitarbeiter, jung, skrupellos und voller Ehrgeiz, kamen.

Gerlinde Müller war eine der wenigen älteren Mitarbeiterinnen, die noch im Unternehmen tätig waren, ebenso wie Waltraud Huber, die vor sechs Wochen als Teilzeitkraft angefangen hatte und das auch nur deshalb, weil sie mit Friedhelm Haidens Mutter befreundet war. Gerlinde Müller kam zwar gut mit ihr klar, ließ aber dennoch Vorsicht walten. Man konnte nie wissen, was von den Gesprächen weitergetragen wurde!

Unter den neuen Kollegen waren Thomas Walter und Gernot Hasebrink zwei von der übelsten Sorte. Beide arbeiteten seit acht Monaten im Unternehmen und machten Gerlinde Müller die Arbeitstage seitdem zur

Hölle. Die Maus in der Schreibtischschublade war nur einer ihrer üblen Streiche. Sie manipulierten ihren PC, löschten Dokumente, gaben wichtige Informationen nicht weiter oder ließen die Ausgangspost verschwinden. Selbst Gerlinde Müllers Joghurt, den sie täglich vor Arbeitsbeginn in den Firmenkühlschrank stellte, war vor Zugriffen nicht mehr sicher – dagegen half auch die Kennzeichnung mit einem kleinen Namenschildchen nicht, denn zunächst hatte sie angenommen, dass es sich nur um ein Versehen handeln könnte, aber dem war nicht so! Manchmal, und das war eine zusätzliche Dreistigkeit der Spitzbuben, war der Joghurt zwar noch aufzufinden, hatte dafür aber plötzlich ein weit überschrittenes Verfallsdatum.

Gerlinde Müller wurde es noch heute übel, wenn sie sich an einen ganz bestimmten Vorfall erinnerte:

Sie hatte unlängst ihren Joghurtbecher geöffnet und sich dabei mit Waltraud Huber unterhalten. Abgelenkt durch das Gespräch, hatte sie weder dem Becher noch dem Inhalt besondere Aufmerksamkeit geschenkt. Erst als die Huber angewidert aufschrie, bemerkte sie, dass der Joghurt voller grüner Schimmelpilze war, die ein wollig-puscheliges Häubchen auf der Speise bildeten. Obgleich es keinen Zweifel daran gab, welche Kollegen ihr diesen üblen Streich wieder gespielt und den Joghurt ausgetauscht hatten, war Gerlinde Müller dennoch machtlos. Zu hoch standen die Herren Walter und Hasebrink in der Gunst der Geschäftsleitung, als dass es ratsam gewesen wäre, sie zur Rechenschaft ziehen zu lassen. So ein Schuss würde unweigerlich nach hinten losgehen!

»Sie müssen auch aufpassen, was Sie essen«, sagte Waltraud Huber ahnungslos zu Gerlinde Müller. »Sie können doch nicht solche verschimmelten Speisen zu sich nehmen. Das ist gefährlich! Von den Schimmelpilzen und Sporen kann man schwer krank werden, vielleicht sogar sterben!«, sie hob mahnend den Zeigefinger.

»Krank werden? Sterben?«, Gerlinde Müller horchte interessiert auf. »Woher wissen Sie das denn?«

»Ich habe neulich einen Fernsehbeitrag darüber gesehen – das ist noch gar nicht so lange her.«

»Tja«, Gerlinde Müllers Lippen umspielte ein feines, fast unmerkliches Lächeln, »... dann muss ich jetzt wohl besser auf die Pilze und Sporen achten.«

Sie fühlte, wie tief in ihrem Innern ein kleiner Teufel erwachte: »Wehr dich und lass dich nicht unterkriegen«, flüsterte ihr der kleine Wicht zu. »Jetzt kannst du es den beiden Spitzbuben so richtig heimzahlen!«

Behutsam kratzte Gerlinde Müller den Schimmel von einigen Brot- und Käsescheiben. Auch der Inhalt eines alten Quarkbechers lieferte sehr ergiebige Pilzkulturen ab – schwarz-weiß-gelb-grün, sie schimmerte in allen Farben, sogar ein paar rote Stippen waren darunter. In ein wenig Wasser getaucht und umgerührt löste sich das Schimmel-Pilz-Gemisch wunderbar auf, so dass es mit einer Einwegspritze hervorragend aufgezogen wer-

den konnte. Die feine Nadel der Spritze durchstach den Deckel des Joghurtbechers fast unmerklich. Vorsichtig gab Gerlinde die Substanz in die Speise. Zu guter Letzt klebte sie noch ihr Namensschildchen auf den Deckel – so, nun sollten die beiden Herren ruhig ihren Joghurt aus dem Kühlschrank nehmen und essen.
»Wohl bekomm's!«, sagte Gerlinde. Sie war sehr zufrieden mit ihrer Arbeit!

Wie erwartet war der Joghurtbecher, den Gerlinde Müller am nächsten Tag vor Arbeitsbeginn in den Kühlschrank gestellt hatte, schon am Mittag wie von Geisterhand verschwunden. Diesmal hatten die Räuber nicht einmal einen ungenießbaren Ersatz hinterlassen. Zum ersten Mal ärgerte Gerlinde sich nicht über den Diebstahl. Jeden Abend bereitete sie mit akribischer Sorgfalt einen neuen Becher auf die gleiche Weise vor, stellte ihn morgens in den Firmenkühlschrank und freute sich wie ein Schneekönig, wenn er mittags nicht mehr dort zu finden war. Ihr kleines Geheimnis bereitete ihr so viel Freude, dass sie sich von den übrigen Hinterhältigkeiten nicht mehr aus der Ruhe bringen ließ. Sie wusste, dass ihre Zeit noch kommen würde.
»Gut Ding braucht eben Weile!«, flüsterte sie triumphierend und führte zur Beschleunigung ihres Planes zusätzlich die »Freitagsschnittchen« ein. In der groben Kräuterleberwurst fielen die kleinen Schimmelpilze ebenso wenig auf, wie im Heidelbeerjoghurt – das passte schon!

Warum Gerlinde Müller plötzlich jeden Freitag eine Runde Schnittchen ausgab, interessierte keinen ihrer Arbeitskollegen. Jeder in der Abteilung griff gerne und oft zu. So wurde die »nette« Gabe schnell zu einer Selbstverständlichkeit.

Es war ein kühlen Septembertag, als sich die engsten Kollegen und Kolleginnen von Gernod Hasebrink schweigend und betroffen auf dem Deutzer Friedhof versammelten, um ihm die letzte Ehre zu erweisen. Keiner konnte sich erklären, warum Hasebrink, der immer vor Gesundheit nur so gestrotzt hatte, plötzlich schwer erkrankt war und schon kurze Zeit darauf verstarb – fast keiner!

Gerlinde Müller musste sich stark zusammenreißen, damit niemand ihre Freude bemerken konnte. Ihr Plan hatte funktioniert – den war sie los! Sie jubelte innerlich und führte ihr tägliches Ritual voller Euphorie fort.

Es vergingen weitere fünf Monate, bis auch Thomas Walter gesundheitliche Probleme bekam und immer häufiger in der Firma fehlte.

Gerade als Gerlinde Müller anfing sich Sorgen zu machen, weil unter den Kollegen die Nachricht grassierte, es würde Herrn Walter nun endlich besser gehen und er würde bald wieder zur Arbeit erscheinen, erhielt man in der Firma die schockierende Nachricht von seinem überraschenden Tod.

Zufrieden räumte Gerlinde Müller ihren Schreibtisch um. Nun musste sie nicht mehr alles einschließen, sobald sie das Zimmer verlassen wollte! Sogar eine schöne Topfpflanze hatte sie sich gegönnt. Gedankenverloren und zufrieden strich sie über die zarten Blütenblätter, als sich hinter ihrem Rücken geräuschvoll die Zimmertür öffnete.

»Frau Müller, dürfen wir Sie gerade mal stören?«, die rauchige Stimme von Claudia Mauter zerstörte die angenehme Stille im Raum. »Ich will Ihnen nur kurz Herrn Berghausen vorstellen, er wird ab heute in unserer Abteilung arbeiten.«

Gerlinde Müller schüttelte widerwillig eine ihr entgegengestreckte, ekelhaft feuchte Hand und fühlte sich mit dem gleichen hinterhältig grinsenden Gesichtsausdruck konfrontiert, den sie schon aus der Vergangenheit viel zu gut kannte.

»Die Müller hat mich angeschaut, als ob sie sich jeden Moment auf mich stürzen würde. Jede Wette, die ist rattenscharf auf mich«, Lars Berghausen, umringt von Claudia Mauter und Waltraud Huber, kicherte blasiert. Gerlinde Müller, die gerade das Zimmer betreten wollte, hörte die beiden letzten Sätze noch ganz deutlich. Sie hielt einen Augenblick inne, holte tief Luft und biss die Zähne zusammen. Mit einem Lächeln auf den Lippen ging sie das Zimmer. Bei ihrem Anblick verstummte die kleine Gruppe für einen Augenblick, doch die Ruhe währte nur für den Bruchteil einer Sekunde.

»Wenn man vom Teufel spricht – schon ist er da!«, setzte die Mauter unbeirrt nach und bekam einen Lachkrampf, in den auch Waltraud Huber und Lars Berghausen mit einstimmten.

Gerlinde Müllers Gesichtszüge entspannten sich langsam wieder. »Schön, dass Sie hier gerade alle so fröhlich zusammenstehen«, sagte sie gelassen und ihre Stimme bekam einen leicht beschwingten Klang.

»Ich wollte nur kurz Bescheid sagen, dass ich am Freitag zur Frühstückspause wieder ein paar belegte Schnittchen mitbringe!«

Trügerisch

Sie ging den Weg nach Haus allein
und schlenderte entlang am Rhein,
als plötzlich sie den Mann erblickte,
der eine blonde Frau beglückte.

Sie sah zwar nur sein Hinterteil,
mehr bot der Herr gerad nicht feil,
doch selbiges war ihr bekannt,
den Hintern hat sie gleich erkannt.

Zunächst da stand sie regungslos
und dachte: Vielleicht träum ich bloß?
Doch war die Wirklichkeit so nah,
als sie ein zweites Mal hinsah.

Sie hatte ihren Mann geliebt,
wie's das im Leben einmal gibt,
und nun, da gab es keine Frage,
betrog er sie am hellen Tage!

Womöglich ist's die Nachbarin,
kam ihr derweil noch in den Sinn,
denn diese Schlampe nahm doch jeden,
da brauchte keiner lang zu reden!

Ihr Blick suchte nach einem Ziel –
durch Zufall auf den Ast er fiel.
»Mit dem Teil könnt ich dich erschlagen«,
so hörte sie sich leise sagen,
doch laut sprach sie – er hat's gehört:
»Du Arsch bist einen Mord nicht wert!«
Der Mann erschrak – und sie sah klar,
dass es ein völlig Fremder war ..!

Und die Moral von der Geschicht':
So manches klärt sich wenn man spricht!

Sicher ist sicher

Sie traf ihn einst am Kölner Dom
und war sofort verliebt,
er war ein richtig netter Mann,
wie es ihn selten gibt.

Er sprach: »Ich baue dir ein Haus,
mit Aussicht auf den Rhein,
ich leg das Glück zu Füßen dir,
du sollst mein Liebstes sein!«

So viele Jahre gingen hin,
das Glück, es war nur Schein,
vom Haus war keine Rede mehr,
er ließ sie oft allein.

Er lügt mich an, wo es nur geht,
hat sie sich still gedacht
und sie hat heimlich – unbemerkt –
'nen kühnen Plan gemacht.

Sie holte ihn vom Sportplatz ab,
dort wurde grad gebaut,
das Fundament war noch nicht hart –
da hat sie sich getraut.

In Zukunft lügt er jetzt nicht mehr,
das hat er nun davon –
inzwischen liegt er mausetot
ganz unten im Beton!

Weibliche List

Liebe Moni, ich kann es nicht mehr abwarten, bis du nächste Woche nach Düsseldorf kommst und wir uns treffen, deshalb werde ich dir schon heute – vorab und aus erster Hand – von meinem grandiosen Sieg in Sachen weiblicher List berichten.

Es ist schon eine ganze Weile her, seit wir miteinander telefoniert haben, deshalb habe ich dir, mangels Zeit, bisher nur sehr kurz berichten können, dass ich frisch verliebt bin.

Der süße Typ, den ich durch puren Zufall im Supermarkt kennengelernt habe, heißt Bernd Zöllner. Eigentlich hatte er alle Charaktereigenschaften, die einen sofortigen Fluchtreflex bei mir auslösen: Er war arrogant, eitel, blasiert, herablassend und eingebildet. Ein Schlipsträger-Macho von der übelsten Sorte eben!

Nun sehe ich schon, wie du deine Augen verdrehst, ich höre dein gequältes Stöhnen und deine mahnenden Worte: »Nicht schon wieder, Biggi. Lass die Finger von diesem Typ!«

Du hast natürlich recht – eigentlich. Aber diesmal ist es anders. Er hat ganz viel Herz und viele gute Eigenschaften, aber die musste selbst ich erst suchen und finden. Unsere Beziehung begann auch ansonsten ziemlich schwierig, aber dazu gleich mehr …

Die Not hat mich dann auf eine recht ungewöhnliche Idee gebracht, wobei die ursprüngliche Idee nicht von mir selber, sondern von unserer ehemaligen Schulfreundin Gabi Fischer ausgeheckt wurde, die ich neulich unverhofft beim Bäcker getroffen habe. Ich habe ihren genialen Plan nur ausgearbeitet, verfeinert und umgesetzt.

Von Gabi soll ich dir übrigens liebe Grüße ausrichten. Vielleicht machen wir mal einen Frauenabend zusammen, das wäre doch super!

Aber nun zu Gabis Idee: Ich habe ihr von Bernd erzählt und auch davon, dass wir, in den fast sechs Monaten, die wir uns bis dahin kannten, noch nie zusammen ausgegangen sind. Wir trafen uns immer nur bei mir. Über Bernds Leben wusste ich so gut wie nichts.

Natürlich bin ich irgendwann misstrauisch geworden. Nun wirst du die gleichen Gedanken haben, die bei meiner Erzählung auch Gabi direkt hatte.

Du schüttelst gerade dein weises Haupt und sagst: »Wie blöde bis du eigentlich, Biggi? Der Kerl ist verheiratet und seine Frau sitzt mit seinen sieben Kindern zu Hause und wartet auf ihn!«, aber so war und ist es nicht.

Nun gut, ich kannte bis dahin nicht einen einzigen Freund von ihm, ich wusste nicht, wo er arbeitet und auch nicht, wo er wohnt. Um das herauszufinden musste ich ihm, notgedrungen, ein wenig nachspionieren. Dabei habe nicht nur seine Adresse und seinen Arbeitsplatz herausgefunden, sondern auch in Erfahrung gebracht, dass er nicht verheiratet ist und auch keine Freundin nebenher hat. Denk nur, er arbeitet in

einer ziemlich großen Softwarefirma, ganz in meiner Nähe. Ein paar Straßen weiter wohnt er auch.
»Komm jetzt endlich auf den Punkt mit deiner so grandiosen Idee!«, stöhnst du jetzt, das höre ich bis hierher.
Also, Gabi hatte das Problem direkt erkannt und auf den Punkt gebracht:
»Der Mann hat Bindungsangst!«
Als sie das sagte, fiel mir wieder ein, dass er, wie er mir zu Beginn unserer Beziehung sofort sagte, »Kletten« hasst und seine uneingeschränkte Freiheit braucht. Damals hielt ich das nur für Gerede, deshalb wurde dieser Gesprächsteil wohl aus meinem Gehirn verdrängt, aber er hatte das sehr ernst gemeint, wie sich dann herausstellte.
»Du musst ihn mit einem Schock heilen«, sagte Gabi zu mir. Sie kramte erst ausgiebig in ihrer Handtasche herum und dann, als sie endlich fand was sie suchte, in den Seitenfächern ihrer Geldbörse. Zum Vorschein kam ein altes Foto von ihr.
Wenn Gabi vor dir steht, mit einer Figur und einem Aussehen wie ein Fotomodell aus einem Hochglanzmagazin, dann denkst du niemals, dass sie die übergewichtige junge Frau auf dem Foto ist beziehungsweise war.
Gabi drückte mir das Foto also in die Hand und meinte:
»Ich versichere dir, meine Liebe, wenn eine Frau hinter deinem Bernd her ist, die er auf keinen Fall haben möchte, dann wird er sich schnellstens offen zu dir bekennen, schon um diese andere Person wieder los zu

werden. Männer ticken so! Du hast meine Genehmigung und meine Unterstützung. Schreibe ihm einen sensationellen Brief und lege das Foto von mir bei, aber bitte nicht mit meinem Namen. Denk dir halt was aus, es geht um dein Glück: Im Krieg und in der Liebe ist alles erlaubt!«

Die Kopie von dem Foto zeige ich dir später, liebe Moni, den Brief will ich dir aber jetzt nicht vorenthalten. Ok, es war ein böser Trick, aber nur aus wirklicher Not …

»Lieber Bernd,

ich hoffe, dass ich Dich so anreden darf, denn in Gedanken bist Du mir schon seit langer Zeit sehr nahe.

Du wirst Dich jetzt sicherlich fragen, wer Dir nun einen Brief schreibt. Ich stelle mich mal kurz vor: Mein Name ist Anja Müller, ich bin 24 Jahre jung, 1,61 groß, habe rehbraune Augen, braunes Haar und wiege jetzt 92 Kilogramm.

Bisher habe ich mich nicht getraut Dir zu schreiben. Ich wollte zuerst meine Diät erfolgreich beenden. Nachdem ich mein Wunschgewicht erreicht habe, ist mein Selbstvertrauen gestiegen. Oft habe ich mir bisher gewünscht, den Mut zu haben, Dich anzusprechen. Leider wurde ich durch Deinen verschlossenen Gesichtsausdruck – wahrscheinlich bis Du auch sehr schüchtern – dazu nicht gerade ermutigt. Ich habe mich daher nicht getraut und Dich immer nur aus der Ferne betrachtet. Ich mache jetzt den Anfang und beichte Dir, wie sehr ich Dich mag. Ich bin sicher, dass wir gut zusammenpassen werden.

Aus der Nachbarschaft habe ich erfahren, dass Du alleine wohnst. Ich habe mir überlegt, dass ich Dich in den nächsten Tagen mit meinem Besuch überraschen werde. Natürlich werde ich dann etwas Kuchen für uns mitbringen. Da ich als Verkäuferin in einer Bäckerei arbeite, darf ich abends immer einige Teilchen zum halben Preis mitnehmen.

Bislang hatte ich noch nie einen Freund, mit dem ich reden und kuscheln konnte. Ich bin in diesen Dingen ganz unerfahren. Vielleicht kennst Du Dich etwas genauer aus, das wäre schön.

Schade, dass ich kein eigenes Zimmer habe und Dich nicht zu mir nach Hause einladen kann. Zum Glück hast Du ja Deine eigene Wohnung, so können wir es uns bei Dir gemütlich machen und uns dort näher kommen.

Ich freue mich schon sehr auf unseren ersten gemeinsamen Abend!

Bis bald. In Liebe Deine Anja.«

P.S.: Ich habe Dich vor ein paar Tagen gesehen, als Du gerade Feierabend hattest und aus der Firma gekommen bist. Wenn ich Dich Daheim nicht antreffe, hole ich Dich einfach vom Büro ab.

Liebe Moni, du glaubst nicht, wie gespannt ich auf die Reaktion von Bernd war! Ich hatte natürlich vermutet, dass er mir von diesem Brief erzählen wird, aber er erwähnte ihn mit keiner Silbe! Um ihn aus der Reserve zu locken, habe ich sogar über unseren Briefträger geschimpft, dass der immer die Post falsch einwirft und so ... aber nichts! Ich war total enttäuscht.
Dann passierte einige Tage später der absolute Hammer: Bernd gab vor, sein Auto in Reparatur zu haben (was nicht stimmte) und bat mich, ihn von der Firma abzuholen. Das habe ich natürlich gerne getan. Direkt vor der Firma empfing er mich schon, nahm mich sofort in die Arme, küsste mich und wollte unbedingt noch mit mir einen Spaziergang dort machen. Der hatte echt die Hosen voll, dass Anja auf ihn wartet.
Da kannst du mal sehen, was Männer doch für Angsthasen sind! Ein schlechtes Gewissen habe ich allerdings schon …
Als Absender-Adresse von besagter Anja habe ich übrigens ein großes Mehrfamilienhaus auf der Bahnstraße angegeben. Da gibt es so viele namenlose Schellen, da könnte er lange nach seiner Verehrerin suchen!
Doch nun der Höhepunkt:
Vorhin hat mein Schatz mich vom Büro aus angerufen und er hat mich tatsächlich für morgen zu seinen Eltern eingeladen. Es würde Zeit, dass wir uns kennenlernen, sagte er. Ich konnte mir das Lachen kaum verkneifen, aber so leicht wollte ich es ihm nicht direkt machen. Ich habe ihn etwas zappeln lassen und gesagt, dass mir

das alles zu schnell geht, dass ich kein Familienmensch bin und das ich, er möge mich bitte nicht falsch verstehen, Angst vor einer engen Bindung habe.
Du glaubst es nicht, wie sehr mein Schatz sich bei mir eingeschmeichelt hat, damit ich die Einladung doch noch annehme. Letztendlich habe ich ihm meine Zusage natürlich gegeben – mit riesiger Freude!

Dass mein Brief eine derart gewaltige Wirkung haben würde, hätte ich nie für möglich gehalten. Bernd ist seitdem wie ausgewechselt. Der Schock hat offenbar wirklich eine Blockade in ihm gelöst. Ich werde dir alles noch ausführlicher berichten.

Du wirst Bernd mögen, da bin ich sicher, aber lass dir bitte nichts anmerken. Die Wahrheit über Anja Müller werde ich Bernd natürlich beichten, versprochen, aber erst nach unserer Hochzeitsnacht!

Ein strahlendes Glückslächeln und einen dicken
Kuss sendet dir deine Freundin Biggi

Hoffnung

Er hielt den Kopf ganz tief gesenkt,
sah vieler Menschen Beine,
in seiner Tasche die paar Cent,
die halfen nicht alleine.

Sein Hut, der auf dem Boden lag,
war leer, so wie sein Magen,
doch flüsterte ein Engel ihm,
er solle nicht verzagen.

Er saß den ganzen langen Tag
in Kälte und im Regen,
er wurd gekränkt – und auch belacht,
konnt sich nicht mehr bewegen.

Ein Kälteschauer kroch empor,
er wollt nicht länger weilen.
Die Finger steif – vor Kälte blau,
so reckte still er sich empor,
sah Menschen weitereilen.

Ein Mädchen reichte ihm die Hand,
er sah in ihr den Engel,
auch ihre Stimme kannte er –
sie klang ihm noch Ohr,
sie sprach ihm Mut zu in der Früh,
als er sich fast verlor.

Sie nahm den Hut vom Boden auf,
gab ihn in seine Hände.
Er war ganz feucht, doch nicht mehr leer –
Glück lässt sich nicht verstehen,
dass jemand ihm die Taler warf –
er hat es nicht gesehen.

Das Mädchen wird's gewesen sein,
so dachte er, wandt sich rasch um,
doch in der kalten Großstadtluft,
da eilten Menschen ihres Weges.
Von ihr blieb nur ein Hauch von Duft
er suchte sie vergebens!

MEDIZIN

Die letzte Reise

»Er ist spurlos verschwunden!«, flüsterte Helga Ruschke erregt. Ihr Gesicht glühte vor Eifer, die sensationellen Neuigkeiten unters Volk bringen zu können und in Monika Kanopke hatte sie eine aufmerksame Zuhörerin gefunden. Wissbegierig starrte die junge Frau ihr Gegenüber nach diesen Worten an.

»Spurlos verschwunden – einfach so«, ihr Flüsterton wurde noch eine Spur leiser. »Frau Doktor Isenberg hat die Praxis doch erst letztes Jahr übernommen. Sie ist eine wirklich sympathische Frau – im Gegensatz zu ihrem Gatten. Der hat die nette Anna auf dem Gewissen! Einfach rausgeschmissen hat er sie. Dabei hat die Anna doch vorher schon über zehn Jahre für den Doktor Steiner gearbeitet«, Helga Ruschkes Stimme nahm einen verschwörerischen Klang an. »Mal ganz unter uns: Die Frau Doktor kann doch heilfroh sein, dass sie den Kerl endlich los ist. Die Anna hat erzählt, dass sie kaum ein Wort sagen konnte, ohne dass er sie unterbrochen hat. Gleich über den Mund gefahren ist er ihr und alles wusste er besser! Man erzählt, er wollte mit dem Zug zu einem Studienfreund nach Wien fahren, aber da ist er nie angekommen. Der besagte Studienfreund wusste von nichts.«

Die Ruschke legte eine bedeutsame Pause ein.

»Ich kann mir ohnehin nicht vorstellen, dass der Isenberg überhaupt einen Freund hat. Vielleicht wollte der sich mit einer Geliebten treffen? Die Frau Doktor ist jedenfalls von der Polizei verhört worden. Sie war ganz verzweifelt!«

»Hat sie denn überhaupt keine Ahnung, wo er sonst sein könnte?«, fragte Monika Kanopke. Sie nutzte die Gelegenheit, den Monolog ihres Gegenübers während einer Luftholphase zu unterbrechen.

»Ach was! Die hat nun die ganze Praxis alleine am Hals. Jetzt könnte sie die Anna gut brauchen. Vielleicht kann Ihre Freundin bei ihr mal vorsprechen?«

»Das macht die nie!«, sagte Monika Kanopke und machte eine abwehrende Handbewegung . »Vielleicht, wenn sie genau wüsste, dass der Isenberg nicht mehr zurückkommt, aber so ...«

»Wer weiß. Er ist immerhin schon seit zehn Wochen fort. Frau Doktor hat selber erst nach vier Wochen gemerkt, dass etwas nicht stimmt. Da hat sie in Wien angerufen, um nachzufragen, an welchem Tag ihr Mann zurückkommen wird. Sie wollte natürlich wissen, wann und um welche Uhrzeit sie ihn in Köln-Deutz vom Bahnhof abholen sollte. Erst durch diesen Anruf hat sie erfahren, dass er nie in Wien angekommen ist ..!«

»Auch seltsam, dass sie nicht vorher mal mit ihrem Mann telefoniert hat. Ich bin gespannt, wie das weitergeht! Vielleicht hat sie ihn gekillt«, grinste Monika Kanopke und machte zum Scherz eine ergänzende waagerechte Handbewegung an ihrem Hals entlang.

»Niemals. Die Frau Doktor ist eine ganz Nette!«, die Ruschke schüttelte abwehrend den Kopf. »Nächste

Woche habe ich einen Termin bei ihr. Vielleicht erfahre ich dann etwas Neues!«

Als Helga Ruschke einige Tage später das Wartezimmer von Frau Dr. Isenberg betrat, registrierte sie mit einem zufriedenen Blick, dass auch Trude Konrads anwesend war. Glücklicherweise war neben ihr ein Stuhl frei. Es gab praktisch nichts im Umkreis von fünfzig Kilometern, was die Konrads nicht wusste. Erfreut nahm Helga Ruschke neben ihr Platz.

Dankbar, endlich eine interessierte Leidensgenossin neben sich zu haben, rückte die Konrads sofort näher mit ihrem Stuhl heran.

»Der Frau Doktor geht es überhaupt nicht gut«, wisperte sie verschwörerisch in Helga Ruschkes Ohr. »Die sieht richtig schlecht aus! Aber sie hat auch wochenlang kaum geschlafen. Immerzu brannte nachts Licht in ihrem Haus. Ich kann das gut von meinem Dachfenster aus sehen, wissen Sie! Die Sache mit ihrem Mann ist aber auch tatsächlich sehr merkwürdig. Kein Wunder, dass die arme Frau keinen Schlaf findet. Gut soll die Ehe ohnehin nicht gewesen sein, da hört man ja inzwischen so einiges von den Leuten ...«

Helga Ruschke hörte gespannt zu. Als Trude Konrads ins Sprechzimmer gerufen wurde, lehnte sie sich zufrieden auf ihrem Stuhl zurück. Es ging doch wirklich nichts über Arztbesuche! Sie stellte sich auf eine längere Wartezeit ein, aber Trude Konrads war erstaunlich schnell fertig. Sie hielt ihr mit einem vielsagendem

Augenblinzeln die Tür auf. Ob sie wohl Neuigkeiten erfahren hatte? Leider konnte sie das nicht mehr erfragen, denn die Isenberg hatte sie bereits bemerkt.

»Guten Tag Frau Ruschke, wo fehlt es denn?«

Frau Dr. Vera Isenberg trocknete sich gerade sorgfältig die frisch gewaschenen Hände ab.

»Ach, wissen Sie Frau Doktor...«, Helga Ruschke unterbrach ihren Satz mit einem jaulenden Schmerzenslaut und rieb sich den soeben gestoßenen Ellenbogen. Verblüfft schaute sie das Corpus Delicti an.

»Jetzt haben Sie das olle Skelett auch noch in diese dunkle Türecke geschoben, vermutlich, damit man sich daran stößt!«, maulte sie vorwurfsvoll. »Warum entsorgen Sie das Ding nicht endlich? Der alte Doktor Steiner konnte sich von dem schrecklichen Teil auch schon nicht trennen!«

Vera Isenberg kramte in ihrem Karteikasten herum und antwortete nicht.

Die Ruschke warf der mannshohen Glasvitrine noch einen missmutigen Blick zu. Seltsam, dachte sie, und blickte das im Inneren befindliche Skelett nun doch etwas interessierter an. Das Teil sah irgendwie verändert aus. Kleiner ..!

»Nehmen Sie Platz, Frau Ruschke«, Vera Isenberg deutete auf den freien Stuhl vor ihrem Schreibtisch. Zögernd nahm Helga Platz. Sonst blühte sie an dieser Stelle immer richtig auf und erzählte ausschweifend und anschaulich über ihre Krankheiten, doch heute war das anders.

»Mir geht es eigentlich gut«, erklärte sie der verblüfften Ärztin, ließ sich von ihr nur ein Rezept über eine Venensalbe ausstellen und verschwand aus der Praxis so schnell wie nie zuvor. Ihr Weg führte sie direkt zu Trude Konrads.

»Frau Ruschke?«, die Konrads schaute verblüfft durch den Türspalt. »Wo brennt es denn? Ich dachte schon, die Schulkinder hätten mir einen Streich gespielt und ein Hölzchen in den Klingelknopf eingeklemmt. Sie haben ja einen ganz roten Kopf – ist was passiert?«

Trude Konrads Zorn über das Dauerschellen war schon wieder verraucht. Schnell zog sie Helga Ruschke in die Stube und schloss die Tür.

»Frau Konrads«, schnaufte Helga Ruschke und rang nach Atem, »das Skelett ist geschrumpft!«

»Was für ein Skelett? Worüber sprechen Sie überhaupt?«, fragte die Konrads und rückte den Sessel zurecht. »Nun setzten Sie sich erstmal hin, Sie sehen aus, als ob Ihnen ein Geist begegnet wäre!«

»Das kann man wohl so sagen! Sie kennen doch die Glasvitrine mit dem Skelett, die bei Frau Doktor im Sprechzimmer steht. Denken Sie mal, das Skelett ist plötzlich kleiner als vorher – das kann doch nicht mit rechten Dingen zugehen!«

Die Ruschke schnappte noch immer nach Luft.

Nun kam auch Farbe in Trude Konrads Gesicht. »Was wollen Sie denn damit sagen?«, flüsterte sie erregt, obgleich es keinen Grund zum Flüstern gab. Sie ahnte, dass die Gerüchte mit diesem Gespräch eine völlig neue Qualität bekommen würden.

Monika Kanopke legte langsam den Telefonhörer auf die Gabel zurück.

»Was soll das denn jetzt?«, dachte sie laut.

Sie fühlte sich ziemlich überrumpelt. Warum, um alles in der Welt, wollten die Ruschke und die Konrads sie besuchen und in einer wichtigen Angelegenheit sprechen? Eigentlich legte sie keinen Wert auf einen engeren Kontakt zu den beiden Damen, zumal es nicht ganz ihre Altersgruppe war. Leider war es ihr nicht gelungen, die Ruschke taktvoll abzuwimmeln. Wütend über sich selbst begann Monika Kanopke die Wohnung aufzuräumen. Wenn diese Klatschmäuler zu ihr kamen, dann sollten sie wenigstens keinen neuen Gesprächsstoff finden. Sie konnte gerade noch die Teller und Gläser vom Vortag in die Spülmaschine einräumen, da schellte es auch schon.

Die mussten geflogen sein!

Im Hausflur waren schnaufende Geräusche zu hören. Widerwillig öffnete Monika Kanopke die Tür. Die Geräuschkulisse wurde lauter und näherte sich ihrer Tür.

»Wenn die Ruschke nicht noch an der Dönerbude Halt gemacht hätte, wären wir schon längst hier«, prustete die Konrads und stürmte resolut in die Wohnung.

»Ich musste schnell etwas essen! Den ganzen Tag lang hab ich noch nichts gehabt – und jetzt die Rennerei durch die halbe Stadt. Vom Reischplatz aus ist das ein ganz schönes Stück bis hierher!«, stöhnte Helga Ruschke. »Ich hasse das Treppensteigen … «, maulte sie, stieß einen langen Seufzer aus und ließ sich auf die Couch fallen.

»Worum geht es denn eigentlich?«, fragte Monika Kanopke. So langsam wurde sie neugierig. Atemlos lauschte sie der Berichterstattung von Helga Ruschke, die durch einige Bemerkungen von Trude Konrads ergänzt wurden.

Als die beiden Damen mit ihrer Erzählung fertig waren, stand Monika Kanopke von ihrem Platz auf, ging auf den Balkon und betrachtete angestrengt einen imaginären Punkt auf der Straße. Die spinnen doch, die Alten, dachte sie genervt. Sie überlegte fieberhaft, wie sie sich aus der Sache raushalten könnte, ohne den Unmut der Damen auf sich zu ziehen.

»Ich kann Ihnen wirklich nicht helfen«, sagte sie nach einer Weile, als wie wieder das Zimmer betrat und auf ihren Sessel zuging. »Es stimmt zwar, dass ich jahrelang Patientin bei Doktor Steiner war und nun ab und zu Frau Dr. Isenberg konsultiere, aber auf die Vitrine habe ich noch nie geachtet.«

Monika Kanopke zuckte bedauernd mit den Schultern. »Außerdem«, versuchte sie die Sache in eine andere Richtung zu lenken, »ist das auch eine ziemlich heikle und ungeheuerliche Behauptung, die Sie da aufstellen! Vermutlich gibt es bald eine völlig harmlose Erklärung für alles. «

»Das ist keine Behauptung, das ist eine Tatsache«, empörte sich die Ruschke. Sie hatte schon wieder einen hochroten Kopf.

»Sollten Sie dann nicht besser gleich zur Polizei gehen und dort um Hilfe bitten?«

Monika Kanopke fühlte sich entschieden unwohl in ihrer Haut.

»Überlegen Sie doch mal«, sagte Trude Konrads, bemüht, ihrer Stimme einen ruhigen Klang zu geben, »auf der Wache werden die doch denken, dass wir spinnen. Vielleicht hat Doktor Steiner noch die uralte Rechnung von dem Skelett aufbewahrt, ordentlich wie der ist. Da wird doch keiner Verdacht schöpfen.«

»Ich kann Ihnen aber wirklich nicht helfen«, Monika Kanopkes Stimme nahm einen trotzigen Klang an. »Außerdem muss ich jetzt weg. Ich bin mit meiner Freundin verabredet. Es tut mir leid, meine Damen ...«, sie erhob sich demonstrativ, um die Gesprächsrunde zu beenden.

Trude Konrads stand ebenfalls auf.

»Moment mal …«, die Ruschke hatte eine neue Idee. »Wie ist das denn mit ihrer Freundin, mit der Anna? Die hat doch lange beim Doktor Steiner gearbeitet, die muss doch wissen, wie das Skelett aussieht! Und außerdem«, fügte sie scheinheilig hinzu, »haben sie doch auch schon vermutet, dass der Isenberg von seiner Frau gekillt wurde!«

»Das war ein Scherz von mir!« So langsam wurde Monika Kanopke ungehalten. »Wenn ich die Anna sehe, werde sie nach dem Skelett fragen. Heute jedenfalls treffe ich mich mit einer anderen Freundin, nicht mit der Anna«, sie schaute auf ihre Armbanduhr. »Wir sind um fünf Uhr am Dom verabredet und ich muss mich noch umziehen.«

Endlich erhob sich auch Helga Ruschke von ihrem Platz und reichte Monika Kanopke zum Abschied die Hand. Die Konrads wartete schon im Hausflur.

Gereizt schloss Monika Kanopke die Tür hinter den beiden Damen. »Die sollen ihre Räubermärchen doch einer anderen Doofen erzählen«, murmelte sie und beobachtete vom Fenster aus, wie sich ihr Besuch in Richtung Siegburger Straße entfernte. Die war sie zum Glück wieder los!

Einige Tage später traf Monika Kanopke durch Zufall tatsächlich Anna Sandner auf der Straße.

»Monika!«, rief Anna erfreut und umarmte ihre alte Freundin. »Schön, dich mal wieder zu treffen. Wie geht es dir?«

Monika musste schmunzeln. »Jetzt wieder gut!«, sagte sie und verdrehte vielsagend die Augen.

»Wieso? Warst du krank?«, besorgt schaute Anna die Freundin an.

»Nein, nein, keine Sorge. Es war nur ein Scherz. Vor vier Tagen haben wir noch von dir gesprochen...«

»Wer ist 'wir'?«

»Du wirst es nicht glauben, aber die dicke Ruschke und die Trude Konrads haben mich besucht – die sind total verrückt! Der Paul Isenberg ist doch seit Wochen verschwunden und nun glauben die beiden Klatschbasen, dass Frau Dr. Isenberg ihren Mann ermordet hat!«

»Klar!«, sagte Anna grinsend. »Da könnte was Wahres dran sein – bei dem Kerl hätte selbst ich Mordgelüste.«

»... und dann hat sie die Knochen schön abgekocht, gesäubert und in die Glasvitrine in ihrer Praxis gestellt. Wie originell!«, ergänzte Monika Annas Satz und wollte sich ausschütten vor Lachen.

»So dumm ist das nicht!«, sagte Anna und fand die Sache plötzlich nicht mehr extrem witzig. »Überleg doch mal, darauf würde niemand so schnell kommen, gerade deshalb nicht, weil es absolut absurd ist!«

»Nun glaub du diesen Quatsch auch noch...!«

»Vielleicht sollte ich mal wieder zum Arzt gehen«, dachte Anna laut nach. »Mit Frau Dr. Isenberg selber habe ich nie ein Problem gehabt. Ich lass mich einfach mal durchchecken bei ihr.«

»Tu was du nicht lassen kannst.«, lachte Monika und klopfte der Freundin zum Abschied auf die Schulter. »Und grüß das Skelett schön von mir!«

Tatsächlich setzte Anna Sandner ihr Vorhaben kurzfristig in die Tat um. Als sie die Praxis von Dr. Vera Isenberg wieder verlassen hatte, musste sie zunächst alleine sein.

In Gedanken versunken schlenderte sie am Rhein entlang und überlegte fieberhaft, wie sie die Sache beweisen könnte – ohne sich selber damit lächerlich zu machen, versteht sich!
Ganz klar, die beiden alten Damen hatten absolut Recht. Das Skelett in der Glasvitrine war ausgetauscht worden. Das könnte aber einen völlig harmlosen Hintergrund haben. Sicher war aber: Das ursprüngliche Skelett hatte mit seiner Größe die Höhe der Vitrine voll ausgeschöpft, während das jetzige Skelett gut und gerne fünfzehn Zentimeter kleiner war.

»Ich werde mich zum Gespött der Leute machen«, murmelte Anna und versuchte, auf andere Gedanken zu kommen, aber es gelang ihr nicht.

Ein Fotograf kam ihr entgegen, um den Hals eine teure Kamera mit einem schweren Weitwinkelobjektiv. Fotos! Anna spürte, wie ihr Blut wild pulsierte. Beim Abschied von Dr. Steiner wurden zahlreiche Erinnerungsfotos geschossen. Da musste auf einigen Bildern auch die Vitrine nebst Inhalt zu sehen sein! Aufgeregt machte Anna sich auf den Heimweg, fest entschlossen, am Nachmittag Dr. Steiner aufzusuchen und ihn nach den Fotos seiner einstigen Praxis zu fragen.

Dr. Steiner wirkte nicht sonderlich überrascht, als er die Tür öffnete und Anna vor ihm stand.

»Erst letzten Monat habe ich mit meiner Frau über Sie gesprochen«, strahlte er und zog seine ehemalige Helferin freundlich in die Stube. »Schauen Sie mal, was ich jetzt in meinem Wohnzimmer untergebracht habe …«

Anna wurde blass. »Wieso?«, stammelte sie entsetzt und starrte gebannt in die Ecke zwischen Schrank und Fenster.

»Wieso?«, der Doktor lachte laut. »Das ist die falsche Frage. Das 'Woher' ist viel spannender!«, er räusperte sich kurz. »Ich war zuerst etwas pikiert, weil ich nicht gedacht hätte, dass meine Nachfolgerin die treue Berta einfach entsorgen und in den Müll werfen würde. Aber ich habe mich so gefreut, die alte Dame wiederzusehen, dass ich der Frau Dr. Isenberg schon verziehen habe.«

»Sie haben das Skelett im Müll gefunden?«, fragte Anna verdutzt. Sie konnte nicht glauben, dass der alte Herr in fremden Mülltonnen herumstöberte.

»Nicht ich! Dem Jens Müller, der ist doch jetzt bei der Müllabfuhr, dem ist ein blauer Müllsack aufgefallen. Da war er halt neugierig und hat reingeschaut«, Steiner musste wieder lachen. »Der hat nicht schlecht gestaunt, als er die Berta in dem Sack entdeckt hat. Der Jens ist doch schon als Dreikäsehoch zu mir in die Praxis gekommen, der wusste, zu wem die Berta gehört!«

»Haben Sie denn nicht bei Frau Dr. Isenberg nachgefragt, wie das passieren konnte?«, wollte Anna wissen.

Dr. Steiner wurde ernst. »Nun ja, erst wollte ich in der Praxis anrufen, aber dann ...«, er machte eine abwehrende Handbewegung. »Jetzt ist sie jedenfalls wieder bei mir und hier bleibt sie auch!«, er schmunzelte ein wenig. »Nur meine Frau ist über ein Skelett im Wohnzimmer nicht unbedingt erfreut.«

Walter Steiner bemerkte, wie Anna blass wurde.

»Anna, was ist los? Geht es Ihnen nicht gut?«

»Wissen Sie«, sagte Anna und ihre Stimme drohte zu versagen, »Frau Dr. Isenberg hat nach wie vor ein Skelett in ihrer Vitrine stehen. Man sagt, es könnte sich dabei vielleicht um das Skelett von Herrn Isenberg handeln ...« , sie blickte verschämt zu Boden. Vermutlich würde der alte Mann sie jetzt auslachen, doch er schwieg betreten.

Anna, der die Situation nun sehr peinlich war, verabschiedete sich rasch und wollte nur noch weg. Was für eine dumme Idee aber auch. Das konnte wieder nur ihr passieren!

Drei Tage und drei Nächte lang hatte Dr. Walter Steiner mit sich gekämpft, bevor er sich entschlossen hatte, die Polizei zu informieren. Zu groß war auch bei ihm zunächst die Angst gewesen, sich der Lächerlichkeit preiszugeben. Warum er den Entschluss letztendlich gefasst hatte, vermochte er nicht ganz genau zu sagen. Ausschlaggebend war vielleicht ein Zusammentreffen mit Frau Dr. Isenberg, die er mit ihrem Hund, einem stattlichen Rottweiler-Rüden, beim Spaziergang am Rheinufer getroffen hatte. Der Hund trug voller Stolz einen riesigen Knochen im Maul – ein Anblick, der bei Dr. Steiner ein merkwürdiges Gefühl in der Bauchgegend hinterlassen hatte. Obgleich er sich selber einen Narren schalt, wusste er, dass er mit diesem Zweifel nicht leben konnte. Er musste der Sache auf den Grund gehen.

Vera Isenberg staunte nicht schlecht, als zwei argwöhnische Kripobeamte bei ihr auftauchten und sie ruppig zur Rede stellten.

Zunächst war die Ärztin über die vorgebrachten Anschuldigungen fassungslos und unfähig, eine glaubhafte Rechtfertigung abzugeben. Sie sah entsetzt in die Gesichter der beiden Beamten und fühlte, wie die eigenen Mundwinkel plötzlich verräterisch anfingen zu zucken. Es ließ sich nicht unterdrücken.

Abrupt stand Vera Isenberg auf und ging ans Fenster. Sie kehrte auf diese Weise den beiden Männern den Rücken zu.

»Ja«, sagte sie, bemüht, ihrer Stimme einen festen Klang zu geben, »es ist wahr, ich habe das Skelett in den Müll geworfen.«

Die Stille nach ihren Worten war fast unerträglich – zu unerträglich für Vera Isenberg. Ihre Schultern vibrierten, sie presste die rechte Hand fest auf ihren Mund, versuchte sich zu fangen, doch es misslang. Es krabbelte rücksichtslos in ihrem Körper hoch, kroch durch ihren Hals und bahnte sich glucksend den Weg nach draußen. Als einer der Kripobeamten mit fester Stimme befahl, sie solle weitersprechen, war es endgültig um Vera Isenberg geschehen. Sie lachte, bis ihr die Tränen über das Gesicht liefen und sie sich vor Schmerzen krümmte.

»Das ist wirklich das Dümmste, was ich je in meinem Leben gehört habe«, feixte die Ärztin, als der Lachkrampf nachließ. »Meine Herren, es tut mir unsäglich leid, Sie – und natürlich auch die besorgten Bürgerinnen und Bürger – enttäuschen zu müssen, aber mit einem Mord kann ich wirklich nicht dienen! Wenn Dr. Steiner sich das Skelett genauer angesehen hätte, so hätte er festgestellt, dass es nicht seine Berta ist. Es handelt sich nämlich um ein absolut namenloses Gerippe, welches mein Mann mit in die Ehe gebracht hat, deshalb habe ich es auch entsorgt. Dafür könnte mir allenfalls mein Noch-Gatte den Hals herumdrehen, aber der ist, wie ich inzwischen erfahren habe, derzeit mit seiner Geliebten in Südafrika. Dort will er auch mit ihr leben. Glauben Sie mir, schön finde ich das alles nicht. Er hat inzwischen über seinen Anwalt die Scheidung eingereicht – ohne vorher ein persönliches Wort mit mir zu reden ...«

Vera Isenberg überreichte den Beamten das Schreiben einer Rechtsanwaltskanzlei.

»Ansonsten kann ich noch zu folgender Aufklärung beitragen: Die Glasvitrine musste erneuert werden, nachdem meine Putzfrau das gute Stück mit dem Schrubber erlegt hatte. Die neue Vitrine ist nicht nur etwas höher, sondern auch zehn Zentimeter breiter, weshalb ich sie umsetzen musste.«

Vera Isenberg öffnete einen Ordner mit Belegen, entnahm die Rechnung eines Kölner Glasbauers und legte sie ebenfalls auf den Schreibtisch.

Kommissar Obermann räusperte sich verlegen und gab seinem Kollegen ein Zeichen des Aufbruchs. »Entschuldigen Sie bitte vielmals...«, er atmete tief durch und suchte nach Worten. Die Situation war ihm ausgesprochen peinlich.

Vera Isenberg lächelte milde. »Ist schon gut, meine Herren, Sie mussten der Sache durchaus nachgehen, das sehe ich ein!«

Die Ärztin reichte den Beamten zum Abschied versöhnlich die Hand. »Die absurden Gerüchte, die von manchen Patientinnen in Umlauf gebracht wurden, schaden meiner Praxis auf jeden Fall mehr, als eine Scheidung. Nur eines möchte ich noch richtig stellen: *Niemals* würde ich meinem Hund derart minderwertiges Futter geben – darauf mein Ehrenwort!«

Gutgelaunt schloss Vera Isenberg am frühen Abend ihre Praxisräume ab. Eigentlich wollte sie direkt nach Hause fahren, aber der Tag war zu gut verlaufen, als dass er nicht ein Fläschchen Champagner wert wäre. Lange Zeit hatte sie sich nicht mehr so gut und so jung gefühlt. Endlich hatte sie Ballast abgeworfen. Beschwingt bezahlte sie im Supermarkt eine sündhaft teure Flasche des allerfeinsten »Prickelwassers« und machte sich dann erst auf den Heimweg.

Heiter vor sich hin summend öffnete sie kurze Zeit später ihre Wohnungstür, legte ihre Tasche auf das rote Ledersofa und tanzte, die Champagnerflasche wie einen Geliebten im Arm haltend, ins Schlafzimmer. Mit einem lauten Knallgeräusch entwich der Korken aus der Flasche.

Kichernd versuchte Vera Isenberg die überschäumende Flüssigkeit abzutrinken, bevor sie auf den teuren Parkettboden tropfte.

»So schön kann doch kein Mann sein, dass ich ihm lange nachwein' ...«, sang sie laut einen alten Schlager von Gitte Haenning nach, während sie ein edles Champagnerglas mit dem prickelnden Getränk füllte.

Gutgelaunt tanzte sie, das Champagnerglas lässig in der Hand haltend, auf eine große, längliche Glasvitrine zu. Ein leichtes, helles Klingen war zu hören, als sie mit dem Glas vorsichtig an die Vitrite stieß.

»Sehr zum Wohle mein Lieber«, flüsterte sie, prostete vergnügt einem dezent beleuchteten Skelett zu und warf, laut lachend, ihren Kopf in den Nacken. Mit einem Schluck trank sie das Glas leer. Ein teuflisches Grinsen umspielte ihre Lippen. »Ich trinke auf dein neues Leben in Südafrika!«

Ne echte Kölsche Jung

Er war »'ne echte Kölsche Jung«
an den sie schnell ihr Herz verlor.
Er nahm das Leben ziemlich leicht
und seine Sprüche waren seicht,
doch schmeichelten sie Herz und Ohr.

Dann sah sie ihn im Stadtpark gehn,
er küsste 'ne Blondine,
sie sah's und konnt's begreifen kaum,
es war fast wie ein böser Traum
und ihr erfror die Miene.

Sie wartete den Abend ab,
er lag in ihren Armen,
doch sie sah ihn im Park mit ihr
und wurde wie ein wildes Tier
und kannte kein Erbarmen.

Es ging sehr schnell –
sie stach ins Herz,
direkt und ohne Zweifel
und schickte so den Kölsche Jung
von sich aus gleich zum Teufel!

Völlig durchgeknallt

Als Mia um die Ecke in den Isenburger Kirchweg bog, merkte sie, wie ihre Hände zitterten. Nein, es waren nicht nur die Hände, sie zitterte am ganzen Körper.

Mia atmete tief durch. Ich habe es getan, dachte sie und kam sich selbst fremd vor. Noch nie in ihrem Leben hatte sie so sehr gelogen, noch niemals! Sie legte den vierten Gang ein und gab Gas. Erst als sie in Köln-Delbrück auf die Autobahn fuhr, fühlte sie sich in Sicherheit.

»Ich muss verrückt geworden sein«, murmelte sie und wunderte sich, wie sie es geschafft hatte, Herbert so arg zu hintergehen.

Seit elf Jahren war sie mit ihrem Mann verheiratet. Mit siebzehn hatte sie Herbert kennengelernt, mit achtzehn geheiratet und kurz bevor sie zwanzig wurde, brachte sie die Zwillinge zur Welt. Die Kinder waren ihr ein und alles, aber dennoch stellte sich im Laufe der Jahre das Gefühl ein, etwas vom Leben versäumt zu haben. Irgendwann hatte sie in den Spiegel gestarrt und sich gefragt, wer diese Frau war, die ihr dort entgegenblickte. Das konnte unmöglich ihr eigenes Spiegelbild sein. Wo war der fröhliche, lachende Teenager von damals geblieben? Wo war die unbändige Lebensfreude, die Neugier, die Ausgelassenheit, die Sehnsucht ... sollte das etwa schon alles gewesen sein?

Natürlich liebte sie ihren Mann, der zuverlässig, ruhig und wie ein Fels in der Brandung war. »Mit ihm möchte ich Kinder haben«, hatte sie seinerzeit schwärmend zu ihrer Mutter gesagt und ihre Wünsche waren in Erfüllung gegangen. Eigentlich könnte sie glücklich sein, doch Mia hatte jeden morgen Herberts Bild vor Augen, wie er, akkurat und mit wichtiger Miene, die Butterbrotdose in seine Aktentasche schob. Dann verließ er das Haus mit ungelenk steifen Schritten, um nach Köln-Nippes ins Büro zu fahren. Er war Beamter auf Lebenszeit und er erfüllte mit Bravour alle Klischees der gängigen Beamten-Witze. Nein, er würde sich nicht mehr ändern, der Zug war abgefahren! Gerade, als Mia sich von ihrem Spiegelbild abwenden wollte, durchfuhr sie ein Gedanke wie ein Blitz. Was wäre, wenn sie selber ausbrechen würde aus diesem täglichen Einerlei. Nicht für immer, nein, nur für ein Wochenende. Zwei Tage lang ein anderer Mensch sein, sich amüsieren, tanzen, flirten und es mal so richtig krachen lassen. Das müsste doch zu machen sein!

Felix und Tom könnte sie getrost in die Obhut von Herbert geben, darum würde sie sich nicht sorgen müssen. Egal, was die Zwillinge auch immer anstellten, seinen »Rabauken«, wie er sie liebevoll nannte, verzieh Herbert alles und verhungern würde auch niemand. Herbert war ein hervorragender Koch.

In den nachfolgenden Tagen bastelte Mia sorgfältig einen Plan zurecht, wie sie es am geschicktesten und glaubhaftesten anstellen könnte, ein Wochenende für sich alleine zu haben.

Herbert hatte eine Eigenart, die ihn wahrscheinlich mit tausend anderen Männern verband: Wenn Mia gegen eine Sache war, so war er dafür, und wenn sie etwas gut fand, so hatte er garantiert tausend Einwände, die dagegen sprachen. Diese Macke konnte sie sich gut zunutze machen.

Vor einigen Tagen war es dann endlich soweit.

Als Herbert nachmittags nach Hause kam, erzählte sie ihm betont beiläufig, dass Andrea, eine alte Schulfreundin, angerufen und sie übers Wochenende zu sich nach Berlin eingeladen hätte.

»Da werde ich aber auf keinen Fall hinfahren«, sagte Mia bestimmt und stellte geräuschvoll die Teller auf den Tisch. Aus den Augenwinkeln beobachtete sie Herberts Reaktion. Würde er anbeißen?

»Aber warum denn nicht?«, fragte Herbert. Er schob seinen Teller bedächtig in die richtige Position und rückte das Besteck gerade. »Es ist doch schön, wenn ihr euch nach so vielen Jahren mal wiederseht!«

»Ich werde trotzdem nicht hinfahren, was soll ich da?«, Mia pokerte hoch, doch ihr Plan ging auf. Schon nach einer Stunde stand unumstößlich fest, dass sie übers Wochenende zu Andrea nach Berlin fahren würde. Und nun saß sie also im Auto, stellte das Radio lauter, fuhr zu einer Andrea, die es in Wirklichkeit nicht gab und fühlte sich wie neugeboren.

Einige Stunden später erreichte Mia mit klopfendem Herzen das Ziel ihrer Sehnsucht.

Berlin! Ihr stockte der Atem. Was für eine Stadt, was für ein Menschengewimmel! Hier pulsierte das Leben! Sie war schon ewig lange nicht mehr aus Köln herausgekommen. Nachdem sie ein Hotel gefunden hatte, das groß genug war, um selbst anonym zu bleiben, eilte sie rasch auf ihr Zimmer, stellte nur ihren Koffer ab und machte sich dann auf den Weg, um einige Einkäufe zu tätigen. Heute Abend würde sie nicht Mia sein – das stand fest!

Es war genau einundzwanzig Uhr, als das bestellte Taxi vor dem Nobelhotel vorfuhr.
»Olala!«, sagte der Taxifahrer bei ihrem Anblick und pfiff leise durch die Zähne. Sein Fahrgast, eine rassige Rothaarige, hatte wahrlich waffenscheinpflichtige Beine und ein atemberaubendes Dekolleté. In einem Hauch von Kleid schritt sie wie eine Diva auf das Fahrzeug zu. Schnell sprang er aus dem Auto, um ihr galant die Tür aufzureißen. Erst jetzt sah er in ihr Gesicht. Wouw! Was für grüne Katzenaugen! Ihr Blick ging durch Mark und Bein. Er war nicht sonderlich überrascht, dass die Fahrt zu einem der exklusivsten Nachtclubs der Stadt ging – es hätte ihn eher überrascht, wenn es nicht so gewesen wäre. Leider war er viel zu schnell am Ziel. Er empfand fast so etwas wie Bedauern, als die schöne Fremde sein Fahrzeug verließ. Nur der Duft eines sehr teuren Parfums blieb noch im Fahrzeug zurück. Er sah ihr nach, wie sie Sekunden

später durch die Tür des Nachtlokals schritt und sich dadurch seinen bewundernden Blicken entzog.

Einen Augenblick brauchte Mia, damit ihre Augen sich an die Dunkelheit im Nachtclub gewöhnen konnten. Erst dann bemerkte sie den freien Barhocker in ihrer Nähe. Geschmeidig wie eine Katze nahm sie Platz und schob, wie beiläufig, ihr kurzes Kleid noch ein wenig höher, so dass ihre langen Beine wunderbar zur Geltung kamen.

Während der Barmixer ihr den bestellten Drink zauberte, lauschte sie interessiert der Unterhaltung von zwei Blondinen, die am Nachbartisch saßen.

»Jonny ist der heißeste Typ unter der Sonne«, sagte die Langhaarige gerade laut und schwärmend. »Der hat Zauberhände, glaub es mir, und wenn du in seine Augen schaust, wirst du völlig willenlos!«

Die Angesprochene, auffallend durch feuerrote Strähnchen im blonden Kurzhaarschopf, hörte gespannt zu. Mia beobachtete, wie sie erwartungsvoll zur Eingangstür starrte.

»Eigentlich müsste er gleich kommen …«, fuhr die Langhaarige fort. »Ich gehe schnell mal für kleine Mädchen – kommst du mit?«

»Klar doch!«, lispelte die »Gesträhnte« und ließ sich langsam von ihrem Hocker gleiten.

Mia sah den beiden Frauen nach, wie sie in Richtung der Toiletten verschwanden.

»Zauberhände und Augen, die willenlos machen – das hört sich doch gut an …«, murmelte sie leise. Bestimmt war dieser Jonny kein Kostverächter. Sie zupfte unauffällig an ihrem Oberteil. Einer der Spaghettiträger glitt von ihrer Schulter ab. Etwas sehr gewagt, aber nicht schlecht, dachte sie. Sie beschloss, den Träger da zu lassen, wo er gerade war.

»Hallo, meine Schöne«, sagte genau in diesem Moment eine tiefe Männerstimme hinter ihr. Eine Hand legte sich spontan und fordernd auf ihre nackte Schulter. »So alleine hier?«

»Jetzt wohl nicht mehr!«

Mia drehte sich um und schenkte der Stimme ein verführerisches Lächeln. Genau meine Kragenweite, dachte sie, als sie in zwei samtbraune Augen blickte.

»Für mich einen Whisky pur und für ...«, der Fremde schaute Mia fragend an.

»Ronda«, sagte Mia schnell und wurde ein wenig rot bei der Lüge.

»... und für Ronda noch einmal das Gleiche«, er deutete auf das halbleere Glas.

»Ich bin der Jonny!«

Vertraut streichelte seine Hand über ihren Rücken. Jonny? DER Jonny?! Mia ließ erschrocken den Blick in Richtung Toiletten wandern. Wo waren die beiden Mädels?

Während Jonny keine Zeit vergeudete, sich lässig zu ihr herabbeugte und sich mit seinen Lippen wie selbstverständlich an ihrem Ohrläppchen zu schaffen machte, durchfuhren Stromstöße Mias Körper. War es die Angst vor zwei hysterischen Frauen, waren es seine Lippen oder ...

Mia stöhnte leise auf. »Was machst du mit deinen Händen«, flüsterte sie und versuchte, den Vormarsch seiner Finger zu stoppen, denn diese hatten offenbar ein neues Ziel anvisiert.

Jonnys rechte Hand hatte sich inzwischen auf Mias Knie gelegt und wanderte nun langsam zum Oberschenkel empor. Seine Lippen küssten zärtlich ihren Hals.

»Du machst mich wahnsinnig!«, flüsterte er heiser. Sein Atem brannte wie Feuer auf ihrer Haut. »Bitte lass uns einfach gehen – komm mit mir ...«, er griff bestimmend nach ihrer Hand. Mia zitterte vor Erregung. Mit dir würde ich überall hingehen, dachte sie, erhob sich von ihrem Barhocker und ließ sich willenlos von seinen Händen entführen.

Wohin die Taxifahrt gehen sollte, hatte Mia nicht gehört. Jonny hatte dem Fahrer leise seine Anweisung gegeben und ihm schon vorab einige Geldscheine in die Hand gedrückt. Minuten später hielt der Fahrer den Wagen an und zwinkerte Jonny beim Aussteigen mit einem Grinsen im Gesicht zu. Überall auf ihrem Körper spürte Mia Jonnys Hände. Wie in Trance ließ sie alles geschehen. Sanft trug er sie über die Türschwelle in seine Penthouse-Wohnung und legte sie vorsichtig, wie eine zerbrechliche Kostbarkeit, direkt auf seinem

Bett ab. »Du bist eine Zauberin …«, raunte seine schmeichelnde Stimme. Mia genoss es, den warmen Atem an ihrem Ohr zu spüren. Sie reckte sich wohlig, fühlte seine Haut auf ihrer Haut und ihre Körper verschmolzen ineinander. Wann hatte sie sich das letzte Mal in ihrem Leben so unglaublich gut und begehrenswert gefühlt? Sie wusste es nicht mehr. Am liebsten würde sie für immer in seinen Armen liegen bleiben, seine Haut fühlen und seinen Worten lauschen. Erst als draußen der Morgen schon dämmerte glitt sie fast schmerzlich in die Wirklichkeit zurück. Es durfte nicht sein, dass der Traum schon zu Ende war. Heiße Tränen schossen ihr in die Augen. Schnell drehte sie sich weg, damit Jonny es nicht bemerkte.

»Ronda, die Zauberin«, sagte Jonny grinsend und biss ihr sanft ins Ohrläppchen. »Mach, dass die Zeit stehenbleibt!«, verlangte er schmeichelnd.

Mia fuhr mit ihren Händen zärtlich durch sein dichtes, schwarzes Haar.

»Ich muss gehen«, sagte sie leise. »In wenigen Stunden werde ich schon in Spanien sein.«

Was erzähle ich da nur, dachte Mia, erschrocken über ihre eigene Lüge.

»In Spanien?«, fragte Jonny erstaunt und setzte sich auf. »Doch nicht für immer, oder?«

Nun gab es kein Zurück mehr von dieser Lüge.

»Nein, keine Sorge. Ich komme wieder. Es ist nur für ein paar Wochen!«

Mia überlegte fieberhaft, wie sie sich aus dieser Schwindelei befreien könnte.

»Ich arbeite für einen Fernsehsender, da kommt das zwischendurch immer mal vor ...«

Hoffentlich fragt er nicht mehr weiter nach, dachte sie verzweifelt, doch die letzte Aussage verfehlte ihre Wirkung nicht.

Jonny schaute sie bewundernd an.

»Hast du auch mit den ganz großen Stars zu tun?«, fragte er interessiert und sichtlich beeindruckt.

»Klar!«, antwortete Mia und räusperte sich verlegen. »Viele von denen kenne ich sehr gut persönlich.«

Die Flunkerei wurde langsam riskant!

»Jetzt wird es Zeit für mich«, sagte sie laut und schwang sich aus dem Bett. »Hast du meinen Tanga gesehen«, fragte sie und durchwühlte suchend die Laken.

Jonny schnappte nach einem feuerroten Etwas und hielt es mit der Hand fest umschlossen.

»Ich habe ihn, aber ich gebe ihn dir erst dann wieder, wenn du die nächste Nacht mit mir verbringst«, sagte er schelmisch.

»Das ist gefährlich, ich habe ihn verhext. Wenn du ihn nicht hergibst, wirst du immerzu an mich denken – überlege es dir gut!«

Mia hob warnend den Zeigefinger.

Jonny schob das hauchdünne Teil entschlossen unter sein Kopfkissen. »Das ist jetzt schon der Fall!«

»Was denn? Das ich dich verhext habe oder dass du an mich denkst?«

»Beides! Gib dir keine Mühe, mich zu überlisten. Er bleibt hier bis du wiederkommst, basta!«

Jonny grinste siegessicher.

»Na gut«, Mia gab sich geschlagen, »dann habe ich eben keinen Koffer in Berlin, sondern ein Höschen. Wir werden das alte Lied mit einem neuen Text versehen«, sie lachte und weinte gleichzeitig. Ihr Herz würde auch in Berlin bleiben…

»Ich bin wieder Zuhause!«, rief Mia und stellte ihren Koffer im Hausflur ab. Kein Geräusch war zu hören und niemand antwortete ihr. Gut so! Dadurch verblieb ihr wenigstens noch etwas Zeit, sich wieder umzustellen. Es schien ihr, als wäre sie wochenlang weg gewesen. Die Wohnung fühlte sich fremd an.

Rein äußerlich war es kein Problem gewesen, sich wieder in Mia zu verwandeln. Sie betrachtete sich prüfend im Spiegel. Selbst die rote Farbe hatte sich problemlos wieder aus den Haaren waschen lassen, da war nichts mehr, was noch an die Nacht in Berlin erinnerte – außer der brennenden Sehnsucht in ihrem Herzen! Irgendwann würde Ronda wieder in Berlin sein, Jonnys Lippen küssen, seine Hände spüren, seinen Körper fühlen. Irgendwann ...!

Schlüsselgeklimper und Stimmen holten Mia in die Realität zurück. Herbert und die Kinder kamen nach Hause.

Als Mia die Zwillinge in ihre Arme schloss, fühlte sie sich schuldig.

Es ist nicht richtig, was ich mache, dachte sie, als sie Herbert umarmte und ihm einen flüchtigen Begrüßungskuss auf die Wange hauchte.

»Wie war es denn so, in Berlin?«, fragte er, während er sich mit einer Flasche Wasser und einem leeren Wasserglas an den Küchentisch setzte. Er schob eine Illustrierte beiseite.

»Es ging so«, antwortete Mia und zuckte bewusst gelangweilt mit den Schultern. Ihr Blick fiel auf das Magazin. »Heiße Nächte in Berlin« lautete eine fette Schlagzeile und Mia spürte tausend Schmetterlinge in ihrem Bauch. »Da laufen ziemlich viele total durchgeknallte Typen herum. Ich werde da nicht mehr hinfahren«, sie beobachtete Herbert verstohlen aus den Augenwinkeln und vergaß vor Anspannung fast zu atmen. Würde es auch diesmal klappen?

Herbert ließ sich Zeit. Bedächtig öffnete er die Wasserflasche, schenkte er sich ein Glas Wasser ein und trank einen Schluck. Fast wie in Zeitlupe stellte er das Glas auf den Tisch zurück und verschloss die Flasche wieder sorgfältig mit dem Schraubverschluss.

»Das solltest du nicht einfach so sagen«, widersprach er ihr endlich in gewohnt schulmeisterlichem Ton. »Ich finde, das Wochenende in Berlin hat dir ganz gut getan. Du bist viel ausgeglichener als sonst!«

Mia atmete erleichtert auf.

Herbert, der ihren tiefen Atemzug bemerkte und völlig falsch deutete, schaute sie kritisch an.

»Du brauchst jetzt gar nicht so abwehrend zu schnaufen«, tadelte er den angeblichen Seufzer. »Ab und zu kannst du dich ruhig mal mit der Andrea treffen. Mit den Kindern komme ich schon klar und so weit ist die Strecke von Köln nach Berlin nun auch wieder nicht!«

Mia strich ihre vor Aufregung feuchten Finger an der Küchenschürze trocken. »Na gut«, sagte sie einlenkend und das Herz klopfte ihr bis zum Hals, »wenn du meinst. Andrea hat mich in vierzehn Tagen zu ihrem Geburtstag eingeladen, aber eigentlich wollte ich ihr absagen...!«

Ein feiner Mann

Er sprach nie laut – er sprach stets leise,
er trug stets Schwarz und galt als weise.
Ein feiner Herr in bestem Zwirn,
mit einem exzellenten Hirn.

Er wurd' geschätzt – er war stets wichtig,
er wählte stets die Worte richtig.
Ein feiner Herr, der etwas galt,
mit Rückgrat und mit festem Halt.

Doch eines Tages, wie man so hört,
da wurd' sein guter Ruf zerstört:
Der feine Herr, wer kann's verstehen,
er wurde im Bordell gesehen!

Er ging gebeugt – er sprach nicht mehr,
er war allein und das war schwer.
Er war einmal ein ‚feiner Mann',
doch dann nahm man ihn mächtig ran.

Er trank zu viel – war ohne Halt,
da mieden ihn auch Freunde bald.
Er war ein angeseh'ner Herr,
doch das weiß heute niemand mehr!

Verräterische Schönheit

Ronaldo Alyn war ein stadtbekannter Zuhälter und kein unbeschriebenes Blatt bei der Polizei. In der Kölner Szene nannte man ihn »Ronny«, doch der wohlklingende Rufname täuschte. Er war ein unangenehmer Mensch. Die Mädchen, die für ihn anschafften, lebten in ständiger Angst. Auszusteigen wagte keine. Ein einziger Blick in sein vernarbtes Gesicht mit den starren Augen reichte aus, um zu wissen, wo es lang ging.

Ronny drohte nicht mit Worten – wer seine Mimik nicht verstand, ging unweigerlich »zur Schule«. Ein Fingerzeig von ihm genügte, dann schritten die Schlägertypen, die sich ständig in seinem Dunstkreis aufhielten, zur Tat. Die gefürchteten »Unterrichtsstunden« hinterließen bei den »Lernenden« gleichermaßen körperliche wie auch seelische Blessuren. Dennoch versuchten die Damen des horizontalen Gewerbes immer wieder, mit Raffinesse ihre finanzielle Situation aufzubessern. Heimlich »Kohle bunkern« war verlockend, doch Ronny konnte Geld riechen. Er spürte es selbst in den besten Verstecken auf. Den nachfolgenden Einsatz seiner »Lehrer« verfolgte er stets mit diabolischem Genuss. Diese Stunden waren für ihn das Salz in der Suppe seines Lebens.

»Lu musste 'zur Schule', das wussten wir alle«, sagte Chantal und sah den ihr gegenübersitzenden Kommissar beschwörend an. »Sie hatte schon zum dritten Mal

Geld gebunkert, das konnte nicht mehr gut gehen! Ronny war außer sich vor Wut.«

Kommissar Bellert erwiderte zweifelnd: »Warum nehmen Sie an, dass es diesmal nicht bei der sonst üblichen Vorgehensweise geblieben ist? «

»Lu ist jetzt seit sieben Tagen verschwunden. Das letzte Mal habe ich sie gesehen, als sie zu Ronny ins Auto stieg. Gegenüber von seinem Haus ist eine kleine Trinkhalle. Der Inhaber ist ein Kunde von mir. Er hat gesehen, wie Lu am Montag aus dem Wagen stieg und mit Ronny ins Haus ging. Er hat aber nicht gesehen, dass sie das Haus wieder verlassen hat!«

»Vielleicht hatte er bereits geschlossen, als sie wieder ging. Wie lange ist die Trinkhalle denn geöffnet?«

»Bis 23 Uhr. Um diese Zeit hätte Lu aber längst auf ihrem Platz stehen müssen. Ronny kontrolliert die Zeiten. Glauben Sie mir, ihr ist etwas zugestoßen …«

»Dann werden wir unserem alten Freund mal wieder einen Besuch abstatten müssen«, antwortete Kommissar Weigner, der am Kopfende des Tisches saß. Er warf seinem Kollegen Bellert einen müden Blick zu. »Bis jetzt ist er uns immer wieder durchs Netz gegangen. Ich gehe jede Wette ein, dass wir diesem Alyn auch diesmal nichts nachweisen können!«

Weigner drückte nachdenklich seine Zigarette aus.

»Lassen Sie auf jeden Fall meinen Namen aus dem Spiel. Wenn Ronny erfährt, dass ich bei der Polizei war, dann bringt er mich um«, Chantals Stimme nahm einen flehenden Klang an.

»Keine Sorge«, sagte Bellert, begleitete sie zur Tür und legte ihr beruhigend die Hand auf den Arm, »wir regeln das ganz diskret!«

Chantal fühlte sich verfolgt, als sie sich einige Tage später erneut auf den Weg zum Polizeipräsidium machte. Wie gehetzt eilte sie durch die Vorster Straße zum Walter-Pauli-Ring. Tage voller Furcht lagen hinter ihr. Ronny hatte sie bisher zwar unbehelligt gelassen, aber es war ein Gefühl wie die Ruhe vor dem Sturm. Sie blickte sich nervös um. Sah sie da nicht einen Mann hinter sich? Er ging ihr nach. Zufall? Ihr Hals war wie zugeschnürt. War es einer von Ronnys Leuten oder nur ein harmloser Passant? Ihre Schritte wurden schneller, gleich war sie da, nur noch ein kleines Stück bis zum Polizeigebäude. Warum war niemand sonst auf dieser Straße unterwegs? Unwillkürlich fing sie an zu rennen, konnte kaum noch atmen, die letzten hundert Meter schienen endlos lang. Waren das Schritte hinter ihr? Wo war ER jetzt? Keuchend erreichte sie die rettende Tür – geschafft! Erst als sie im Gebäude war, hinter der Glastür stand und sich in Sicherheit fühlte, hielt sie nach dem Mann Ausschau, der ihr gefolgt war. Er ging jetzt vorbei, wendete ihr den Kopf zu, ihre Blicke trafen sich kurz – zu kurz, zu flüchtig! Einen Augenblick lang schloss Chantal die Augen. Jetzt, da keine Gefahr mehr bestand, drohten ihre Beine zu versagen. Sie versuchte, ruhig und tief zu atmen. Fast war sie geneigt, in ein hysterisches Lachen auszubrechen, so irrwitzig erschien ihr die Situation plötzlich, doch sie nahm sich zusammen. Sie hatte von Anfang an gewusst, welches Risiko sie einging. Jetzt gab es kein Zurück mehr!

»Kommen Sie rein und nehmen Sie Platz«, begrüßte Bellert Chantal freundlich. Er hielt ihr galant die Bürotür auf. Weigner, der am Fenster stand, deutete wortlos auf einen Stuhl.

»Wir können Ihnen leider nichts Neues berichten«, sagte Bellert. Er zuckte bedauernd mit den Schultern. »Ihre Kollegin wurde bisher nicht gefunden. Wir haben bei diesem Alyn das ganze Haus auf den Kopf gestellt – ohne Ergebnis! Nichts lässt derzeit auf ein Verbrechen schließen. Bislang ist Ihre Bekannte lediglich verschwunden und das ist nicht strafbar.«

»Ich verstehe das nicht«, Doris Kremer, die sich im Milieu Chantal nannte, schüttelte heftig den Kopf. »Lu wäre niemals einfach so verschwunden. Wir sind doch Freundinnen!«

Ihre Stimme zitterte und Tränen schimmerten in ihren Augen.

»Sie wollte mir noch die Adresse von diesem Schönheitschirurgen geben. Dreimal war sie inzwischen bei ihm. Man kann sagen: Der Mann hatte richtig gute Arbeit geleistet! In unserem Beruf ist es wichtig, gut auszusehen. Hängebusen und Falten sind schlecht fürs Geschäft, da stehen die Freier nicht so drauf. Lu sah nach den Korrekturen viel jünger aus – nur ihre Lippen fand ich nicht so gelungen«, sagte Chantal. Sie verzog das Gesicht ein wenig und erzählte weiter, als könne sie mit Worten die Freundin wieder zurückholen.

»Lu hatte sich Silikon einspritzen lassen. Ihr Mund sah danach aus wie ein Fischmaul, aber ihr gefiel es und ihren Freiern auch.«

»Fische?«, fragte Weigner nach. Er stutzte. Seine Gedanken fingen an zu rotieren.

»Der Karpfenteich ...«, Bellert war vom Stuhl aufgesprungen und rannte aufgeregt durch den Raum.

»Als wir vor vier Monaten in der Drogensache ermittelt haben, hatte Alyn noch keinen Teich im Garten, da bin ich mir sicher. Der sah doch aus wie frisch angelegt. Wenn wir etwas finden können, dann da!«

Die Kollegen schnappten fast gleichzeitig nach ihren Jacken und hatten es plötzlich sehr eilig. Verblüfft sah Chantal ihnen nach. Mit so einer Reaktion hatte sie jetzt nicht gerechnet! Sie verspürte Hoffnung und Angst zugleich.

Ivonne, Kathleen und Chantal stießen fast mit ihren Köpfen zusammen, als sie sich über die Zeitung beugten, um den Titelbericht zu lesen. Direkt unter der Schlagzeile »Fischteich sollte Mord vertuschen – Polizei fand Leiche unter dem Karpfenteich!«, prangte ein großes Foto von Ronaldo Alyn, wie er gerade von zwei Beamten der Mordkommission abgeführt wurde.

»Mein Gott...«, sagte Ivonne, die als Erste den kompletten Bericht gelesen hatte. Sie richtete sich wieder auf. »Den sind wir zum Glück für eine sehr lange Zeit los – dank Lu!«

Kathleen seufzte. »Ein Jammer, dass sie nicht mehr bei uns ist. An diesem Anblick …«, sie deutete auf das Foto in der Gazette, »hätte sie mit Sicherheit ihre helle Freude gehabt. Die Handschellen stehen unserem Ronny aber auch richtig gut, er kann eben alles tragen!«

»Hat Dr. Abernes den Termin inzwischen bestätigt?«, fragte Ivonne und sah Chantal fragend an. Diese nickte kurz.

»Natürlich, diesen kleinen Liebesdienst sind wir Lu doch wirklich schuldig!«

Die Mädels kicherten albern vor sich hin.

Mit ernsten Gesichtern wohnten die Kommissare Weigner und Bellert der Beisetzung von Christiane Schöner, Lu genannt, auf dem Kalker Friedhof bei. Sie hatten ihre zerschundene Leiche tatsächlich unter der dicken, schwarzen Teichfolie in Alyns Garten gefunden, wie vermutet. Das war eine der schrecklichen Seiten, die ihr Beruf so mit sich brachte.

Zur Beisetzung waren nur wenig Menschen erschienen. Auch die drei Damen des horizontalen Gewerbes standen mit gesenkten Köpfen am Grab. Sie trugen allesamt kleine schwarze Hütchen mit langen, dunklen Schleiern.

Erst als der Sarg langsam in die Erde herabgelassen wurde, legten die Frauen die Schleier zeitgleich zurück und wandten sich den beiden Kommissaren zu. Sie

sahen, sichtlich amüsiert, in zwei total entsetzte Männergesichter.
Ein schelmisches Grinsen umspielte die prall gefüllten Lippen der Mädels.

Auf leisen Sohlen

Auf Frankfurt prasselt Regen nieder,
der Asphalt spiegelt Lichter wieder.
Der Ede trägt heut dunkle Sachen,
denn nun gilt es den »Bruch« zu machen.
Das Haus von Neureichs ist sein Ziel,
die Leute gelten als debil.
Da wird es ihm ein Leichtes sein,
da bricht er lautlos schnell man ein.
Den Dummen hetzt nun mal die Meute –
er freut sich schon auf fette Beute!

Das Haus liegt still, abseits vom Rummel,
die Neureichs sind beim Einkaufsbummel.
Alarmanlagen gibt es nicht,
alles ist dunkel – ohne Licht!
Doch trügt der Schein, wie oft im Leben,
und manchmal kommt es anders eben,
denn in dem Haus geht's richtig rund,
da lauert Rex, der Schäferhund!

Der Ede schreit und flucht ganz barsch,
doch Rex fasst nach, beißt in den Po...
und in das Bein noch ebenso.
Der Dieb, er kann ganz knapp noch fliehn
und sich aus der Affäre ziehn.
Im Nachhinein ist dann ganz klar,
wer diesmal wohl der Dumme war!

Geteiltes Herz

Es fiel ihr schwer die richtigen Worte zu finden. Ihr brannten die Augen wie Feuer. Die Sätze auf dem Papier verschwammen zu kleinen grauen Linien ineinander. Als es schellte zuckte sie erschrocken zusammen. Sie hatte völlig die Zeit vergessen. Sie ließ die Blätter auf dem Tisch liegen und eilte zur Tür.

»Hallo Schwesterherz, dein Fahrdienst ist da«, rief Manfred Bauer und sprühte vor Unternehmungslust – wie immer!

»Schön, dich zu sehen …«, Katrin Söhnke umarmte ihren Bruder herzlich, doch Manfred bemerkte sofort, dass es ihr nicht gut ging. Es schmerzte ihn, seine Schwester leiden zu sehen und ihr nicht helfen zu können. Andreas, ihr Mann, war vor drei Monaten an einer schweren Krebserkrankung gestorben. Manfred hatte bisher nichts unversucht gelassen, um aus seiner Schwester wieder einen fröhlichen Menschen zu machen. Er fühlte, wie bedrückt sie war, doch sie wich seinen Fragen geschickt aus und wechselte das Thema.

»Ich war schon seit Ewigkeiten nicht mehr im Theater«, sagte sie und schloss die Wohnungstür sorgfältig hinter sich. »Ich konnte Andreas doch unmöglich alleine lassen, als es ihm nicht gut ging«, sie spürte, wie ihr die Tränen in die Augen stiegen.

»Dafür wird es diesmal besonders schön, wetten?«, versprach Manfred und überspielte die Situation gekonnt. Er hielt ihr die Autotür auf und schaute gleichzeitig auf seine Armbanduhr. »Wir sind gut in der Zeit«, bemerkte er und war froh, dass an diesem Sonntagnachmittag auf den Kölner Straßen so gut wie nichts los war.

Thomas Preuss, der mit eiligen Schritten auf den Eingang des Theater am Sachsenring zusteuerte, glaubte seinen Augen nicht zu trauen. Wie vom Blitz getroffen blieb er stehen. Er starrte wie gebannt die junge Frau an, die nur einige Meter vor ihm ging und offensichtlich auch ins Theater wollte. Er musterte den gutaussehenden, hochgewachsenen Mann an ihrer Seite. Eine unbändige Wut kroch in ihm hoch. Diese Frau hatte sein Leben zerstört. Sie hatte ihn belogen und zum Narren gehalten. Irgendwann war er ihr auf die Schliche gekommen. Er hatte sie zur Rede gestellt, doch sie hatte zu seinen Vorwürfen geschwiegen, hatte sich wortlos von ihm abgewandt und war aus seinem Leben verschwunden.

Wochenlang hatte er versucht sie zu finden.

Als er seinerzeit bei der Familie Bocholt schellte und nach ihrer Tochter Katrin fragte, wurde ihm das ganze Ausmaß ihrer Lügen erst bewusst. Die Bocholts hatten keine Kinder. Eine junge Frau namens Katrin war ihnen auch ansonsten nicht bekannt, versicherten sie ihm glaubhaft. Damit war klar: Diese Frau hatte ihm sogar einen falschen Namen genannt! Für Thomas Preuss brach damals eine Welt zusammen. Es folgten Monate, in denen er seinem Leben am liebsten ein Ende gesetzt hätte, doch er war zu feige dazu.

Jemand rempelte ihn unsanft an und holte ihn aus seinen Gedanken zurück. Wie in Trance ging er weiter, doch auch im Theater ließ er die junge Frau, die sich mit ihrem Begleiter nur wenige Reihen weiter vorne niedersetzte, keine Sekunde aus den Augen.

Es wird ihr Mann sein, dachte Thomas voller Verbitterung. Deshalb also hatte sie ihn belogen und sich mit falschem Namen in sein Leben geschlichen. Er würde sie für ihr Verhalten zur Rechenschaft ziehen. Niemand durfte ihn so behandeln! Eine grausame Idee nistete sich in seinem Kopf ein und breite sich dort wie ein böses Geschwür aus.

Wie unter einem Zwang stand er Sekunden später wieder von seinem Platz auf und verließ eilig den Saal. Für sein Vorhaben blieb ihm nicht viel Zeit, doch er wusste, dass es zu schaffen war. Es musste ihm gelingen, er wollte es so.

Die Frau, die er unter dem Namen Katrin Bocholt kannte, hatte einen Schwachpunkt, eine Macke, die ihn – trotz seiner damaligen Verliebtheit – fast zur Weißglut gebracht hatte: Sie suchte erst immer dann die Toiletten auf, wenn alle Leute ihre Plätze eingenommen hatten, die Lichter ausgingen und die Vorführung begann. Heute würde ihr diese Marotte zum Verhängnis werden!

Nachdem er den Parkautomaten mit Geld gefüttert hatte, drückte er den Knopf mit der Aufschrift »Quittung« – nur für den Fall, dass er einen Nachweis benötigen würde. Er schaute prüfend auf den Beleg. Die auf dem Schein ausgedruckte Uhrzeit war vielleicht wichtig für sein späteres Alibi. Wenige Augenblicke danach lenkte er sein Fahrzeug aus der Parkgarage heraus, um sofort nach der Ausfahrt zu wenden und erneut wieder in das Gebäude zurückzufahren. Er schaute auf die Uhr. Nun wurde es knapp!

Rasch eilte Thomas Preuss ins Theater zurück, peinlichst darauf bedacht, von möglichst wenigen Menschen bemerkt zu werden. Als er ungesehen die Tür der Damentoilette geöffnet und sich in eine der Kabinen versteckt hatte, atmete er erleichtert auf. Fast andächtig zog den Ledergürtel aus seiner Hose und wartete geduldig. Es schien ihm wie eine halbe Ewigkeit, doch dann endlich hörte er Schritte, die sich laut hallend den Toilettenräumen näherten. Sie war es! Er hätte ihren Gang unter Tausenden erkannt! Kaum, dass sie in einer der Toiletten verschwunden war, verließ er leise sein Versteck, spannte den Gürtel zwischen seinen Händen, und harrte in dieser Position aus, bis sein Augenblick gekommen war. Alles ging so schnell, dass die junge Frau nicht mal Zeit für einen Schrei hatte. Vielleicht lag es auch an der Überraschung, ihn unverhofft zu sehen. Nur für den Bruchteil einer Sekunde erschien ein Hauch von Freude auf ihrem Gesicht – dann war es auch schon vorbei. Wie von Sinnen und mit fast übermenschlicher Kraft zog Thomas Preuss den Gürtel um ihren Hals zu. Lediglich ein kurzes Röcheln verließ noch ihren schönen Mund.

»Keine Zeit mehr für Lügen«, sagte Thomas gehässig. Reue verspürte er nicht – nur Genugtuung.

Als Thomas Preuss kurze Zeit später erneut sein Auto aus dem Parkhaus lenkte, erfüllte ihn eine tiefe Befriedigung. Sie hatte ihn mit weit aufgerissenen Augen angestarrt, doch er hatte ihr nicht die Chance gegeben, zu schreien. Gut so! Blitzschnell hatte er ihr den Gürtel um den Hals geschlungen und mit aller Kraft zugezogen. Er ließ die Tat vor seinen Augen Revue passieren. Den leblosen Körper von Katrin hatte er anschließend in eine der Kabinen eingeschlossen, damit man die Leiche nicht sofort fand. Es war keine einfache Übung, sich danach über die Trennwand in die nächste Toilette zu schwingen. Weil sich die Toilettentüren natürlich nur von innen verriegeln ließen, blieb ihm jedoch keine andere Möglichkeit. Die Angst, dass während dieses Manövers jemand den Raum betreten würde, war groß, doch alles ging gut.

Auch auf dem Nachhauseweg lief alles bestens. Thomas benutze eine Abkürzung, die über einen schmalen Wirtschaftsweg führte. Er erreichte dadurch seine Wohnung etwa zehn Minuten früher als normal. Gutgelaunt schloss er seine Wohnungstür auf und fühlte sich so glücklich wie schon lange nicht mehr. Sie hatte bekommen, was sie verdient hatte!

Carola Muzalla, die leitende Kommissarin im Mordfall Karin Söhnke, verglich die im Theater aufgenommenen Personendaten mit den Namenlisten der Kartenvorbestellungen. Der Mord war schnell entdeckt worden, weil Manfred Bauer befürchtet hatte, dass es seiner Schwester auf der Toilette schlecht geworden und sie womöglich ohnmächtig zusammengebrochen war. Die Ermittlungen gestalteten sich jedoch schwierig, denn jeder Besucher, der an diesem Sonntagnachmittag während der Vorführung anwesend war, musste befragt und überprüft werden, ebenso wie das komplette Personal. Leider hatten die Ermittlungen auch nach stundenlangen Verhören nicht den gewünschten Erfolg gebracht. Selbst ein handgeschriebener Brief, den die Kripo später in der Wohnung von Katrin Söhnke gefunden hatte, konnte vorerst nicht entscheidend weiterhelfen. Der Briefumschlag war noch nicht adressiert worden und die liebevolle Anrede offenbarte nicht einmal den Vornamen des angedachten Empfängers.

»Gibt es etwas Neues?«, fragte Martin Satler, als er den Raum betrat. Er schloss geräuschvoll die Bürotür hinter sich und ließ sich auf seinen Stuhl fallen. Erwartungsvoll sah er die Kommissarin an.

»Wie man es nimmt«, Carola Muzalla schaute von einigen Listen auf und unterdrückte ein Gähnen. »Ein gewisser Thomas Preuss muss dringend überprüft werden. Er hatte seine Karte per eMail bestellt, war aber am Sonntag offenbar nicht mehr im Theater, als wir die Anwesenden überprüft und die Daten aufgenommen haben. Wir sollten ihm direkt mal einen Besuch abstatten. Vielleicht ist das unsere heiße Spur …«

Thomas Preuss war überrascht, als es bei ihm zu ungewohnter Zeit schellte. Es war ihm klar, dass man ihn aufgrund seiner Kartenbestellung aufsuchen und sein Alibi überprüfen würde, aber schon so bald? Er blieb dennoch gefasst, als er seine Tür öffnete und seine Vermutung bestätigt sah.

Es bestand kein Grund zur Sorge, denn auf die zu erwartenden Fragen hatte er sich gut vorbereitet.

»Nein«, antwortete er der Kommissarin scheinheilig und schüttelte bedauernd den Kopf, »eine Katrin Söhnke ist mir nicht bekannt!«

In gewisser Weise stimmte diese Aussage sogar. Er gab der Kommissarin das Foto zurück, auf dem die Frau abgebildet war, die er unter dem Namen Katrin Bocholt kennengelernt hatte.

»Ich musste die Aufführung ohnehin früher verlassen – mir ging es nicht so gut an diesem Sonntag …«

»Hat Sie jemand gesehen, als Sie das Theater verlassen haben? Vielleicht haben Sie sogar um Hilfe gebeten, weil es Ihnen nicht gut war?«

Carola Muzalla hatte ein untrügliches Gespür dafür, wenn jemand nicht die Wahrheit sprach und dass dieser Mann log, war ganz offensichtlich für sie.

»Nein, gesehen hat mich wohl niemand, jedenfalls nicht, dass ich es wüsste«, antwortete Thomas Preuss und zuckte bedauernd mit den Schultern, «aber ich habe den Parkbeleg noch in meiner Geldbörse, glaube ich. Vielleicht ist darauf zu erkennen, wann ich das Parkhaus verlassen habe«, er suchte siegessicher den Beleg heraus und übergab ihn bereitwillig der Beamtin.

Die Kommissarin warf einen Blick auf das Datum und die Uhrzeit.

»Sie erhalten die Quittung später wieder zurück«, sagte sie und reichte den Zettel mit einem leicht genervten Blick an Satler weiter. Ihre Augen trafen sich nur kurz, doch sein fast unmerkliches Augenblinzeln signalisierte ihr sein stilles Einverständnis – Worte waren nicht nötig.

Carola Muzalla zog einige Blätter aus ihrer Jackentasche. »Frau Söhnke hatte kurz vor ihrem Tod noch einen Brief geschrieben«, sagte sie, fast wie beiläufig. »Sie hatte offenbar ein Verhältnis, wollte aber vermeiden, dass ihr todkranker Mann davon erfuhr. Manfred Söhnke verblieb nur noch eine sehr kurze Lebenszeit. Seine Frau hatte aus diesem Grund offenbar einen falschen Namen benutzt. In ihrem Brief bittet sie ihren ehemaligen Geliebten um Verzeihung und um eine zweite Chance …«

Thomas Preuss wurde blass. Er hatte das Gefühl, als würde ihm die Luft abgeschnitten. Seine Hand glitt zum Hals, lockerte fahrig die Krawatte und öffnete die oberen Knöpfe am Hemd.

»Das tut mir wirklich leid, aber wie gesagt, ich kenne diese Frau nicht«, seine Stimme vibrierte und klang ungewollt weinerlich.

Interessiert betrachtete die Kommissarin ein Schmuckstück, das an seinem Hals zum Vorschein kam und stutzte für einen Augenblick.

»Eine interessante Kette tragen sie da ...«, sagte sie und betrachtete den Kettenanhänger genauer. »Die rechte Hälfte von einem Herz – was für ein merkwürdiger Zufall. Würden Sie mir ihren Kettenanhänger bitte kurz geben?«

Martin Satler half, den Verschluss zu öffnen und nickte bestätigend, als er das Kleinod in der Hand hielt. »Frau Söhnke trug bei ihrem Tod ebenfalls ein halbes Herz als Kettenanhänger um ihren Hals, allerdings war es eine linke Herzhälfte. Es sieht aber ganz so aus, als ob dieser beiden Hälften, wenn man sie dann zusammenfügt, eine Einheit bilden«, sie atmete tief ein.

»Frau Söhnke wurde übrigens von ihrem Bruder ins Theater begleitet«, fügte Carola Muzalla noch hinzu und bemerkte, wie der Mann um Fassung rang. Ihre Ahnung hatte sie mal wieder nicht getäuscht!

»Ihr Bruder?«, fragte Thomas Preuss ungläubig nach. Er sackte in sich zusammen.

Die Kommissarin nickte bestätigend. Ihre Vermutung wurde jetzt zur Gewissheit.

»Es ist wohl das Beste, wenn Sie uns direkt aufs Präsidium begleiten. Dort sollten Sie uns die Wahrheit erzählen. Wir haben am Tatort DNA-fähiges Material sichergestellt, damit ist der Täter leicht zu überführen. Ach ja, die Überwachungskameras aus der Tiefgarage werden auch noch ausgewertet. Mal sehen, was da so ans Licht kommt. An die hatte der Mörder vermutlich nicht gedacht!«

Sattler warf seiner Kollegin einen anerkennenden Blick zu, als er Thomas Preuss aus der Wohnung führte. »Gerade jetzt hätte Ihre Liebe eine echte Chance gehabt ...«, sagte er zu Preuss, den er wie ein Häufchen Elend vor sich herschob. Er bemerkte, wie Tränen über das Gesicht des Täters liefen, doch Mitleid verspürte er nicht. «Gegen Dummheit und Eifersucht ist leider noch kein Kraut gewachsen auf dieser Erde!"

Etwas Schwund ist immer

Die Ehe lief nicht mehr so doll,
da fand sie ihren Gärtner toll.
Der hatte Muskeln wie ein Gott
und war auch in der Liebe flott.
Ihr Gatte war recht überflüssig
und sie war seiner überdrüssig.
Er schnarchte laut, mit off'nem Mund
und war auch nicht mehr kerngesund.
Er war zu dick, konnt' kaum noch gehen
und ohne Brille nichts mehr sehen.
Wo früher Haar', glänzte nun Glatze,
da wurd' das Antlitz schnell zur Fratze.
Sie dachte fast an jedem Morgen:
Wie kann ich meinen Mann entsorgen?
Ich brauche den perfekten Mord,
dann ist er schnell für immer fort.
Ein tiefes Loch müsste doch gehen –
etwas getarnt wär's nicht zu sehen!

Fortan saß sie nicht in der Stube –
sie grub im Garten eine Grube!
Das Erdloch wurd' gefährlich tief,
während der Gatte sorglos schlief.
Die Grube rasch gut zugedeckt
und unter buntem Laub versteckt.
Würd' der Gemahl zum Zaun nun gehen,
um nach dem Rechten dort zu sehen,

so fiele er gleich tief hinab,
in dieses dunkle finstre Grab.
Dann Erde drauf und Saat angießen –
den Mensch würd' keiner je vermissen!
Jetzt galt es nur noch abzuwarten,
der Rest geschah von selbst im Garten.

Die Tage gingen ohne Eile
und waren voller Langeweile.
Doch war der Gärtner nun verschwunden –
und das seit Tagen schon und Stunden.
Erst als sie durch die Beete schritt,
bekam sie seinen Unfall mit.
Der falsche Mann fiel tief hinab
und lag nun tot in seinem Grab.

Das war ein dummes Missgeschick –
manchmal da fehlt ein Quäntchen Glück!
Der eigne Mann, er war putzmunter,
und sie sah auf den Gärtner runter.
Den deckte sie nun sorgsam zu –
Gott hab ihn selig, schenk ihm Ruh!
Der Gatte lebt ganz unbefangen,
er ist ganz knapp dem Tod entgangen.

Und wiedermal lehrt die Geschicht':
Der beste Plan klappt manchmal nicht!

Prophezeiung in Rot

»Es wird etwas furchtbares passieren«, flüsterte Maria leise und erschrak dennoch über die Lautstärke ihrer eigenen Stimme, die in dem fast menschenleeren Kölner Dom gespenstisch hallte.

Ihre Freundin Eva zuckte merklich zusammen. »Du spinnst!«, sagte sie unwirsch.

Eine völlig in Schwarz gekleidete ältere Dame machte »Psssst!« und warf ihr einen bösen Blick zu.

Maria fröstelte es.

»Lass uns gehen«, raunte Maria der Freundin zu. In ihrem Gesicht spiegelte sich blanke Angst wieder.

Eva folgte ihr schweigend ins Freie. Das helle Licht, die Sonnenstrahlen und die plötzliche Wärme taten gut. Die beiden Freundinnen setzten sich auf die Treppenstufen am Dom und sahen einige Minuten lang wortlos dem regen Treiben auf dem Domplatz zu.

»Wie hast du das eben gemeint?«, fragte Eva und sah Maria von der Seite an. Ein ungutes Gefühl breitete sich in ihrer Magengegend aus.

»So, wie ich es gesagt habe«, antwortete Maria. Sie senkte den Kopf und starrte auf ihre Schuhe. »Ich sehe es schon seit einigen Tagen. Gerade, als ich im Dom stand, hatte ich wieder diese Bilder vor Augen.«

»Bilder?«

Eva konnte der Freundin gedanklich nicht folgen.

»Es war nur ganz flüchtig – ich kann es nicht beschreiben.«

Maria hob den Kopf und sah Eva geradewegs in die Augen. »Ich sehe diese Bilder auch in meinen Träumen, aber sie sind undeutlich. Vielleicht werde ich sterben...«

Sie ließ den Satz offen, stand abrupt auf und ging die restlichen Stufen hinunter.

Eva atmete tief durch. Sie kann es nicht wissen, dachte sie und versuchte, sich zu beruhigen. Bestimmt hatte Maria wieder Karten gelegt, Geister befragt oder einen ähnlichen Humbug vollzogen. Ein dicker Klos im Hals raubte ihr fast den Atem.

»Niemand muss es erfahren«, hörte Eva Georgs heisere Stimme in ihrem Kopf flüstern. »Nur dieses eine Mal – nur wir beide!«

Es war nicht bei dem einen Mal geblieben. Sie fühlte jetzt noch seine Hände auf ihrer Haut und den Schmerz in ihrer Seele. Dieser Mann gehörte ihr nicht. Morgen war Sonntag, morgen hatte Maria Geburtstag, morgen würde er IHR einen Ring schenken, einen Verlobungsring!

»Eva?«

Marias Stimme vermischte sich mit Georgs imaginärer Stimme in ihrem Kopf, verdrängte sein Bild und holte Eva in die Wirklichkeit zurück.

»Wo warst du denn jetzt gerade?«, wollte Maria wissen und grinste. »Ich dachte schon, du redest jetzt auch mit Geistern. Habe ich dich etwa inspiriert?«

»Bestimmt nicht. Dieser Part bleibt auch weiterhin dir vorbehalten!«

Eva hörte den falschen Ton in ihrer Stimme selbst heraus, doch Maria schien nichts bemerkt zu haben. »Ich möchte mich jetzt in die Sonne setzten und ein gut gezapftes kühles Kölsch genießen!«

Entschlossen schob Eva die Freundin in Richtung Brauhaus, inständig hoffend, das unliebsame Thema für den Rest des Tages vermeiden zu können.

Als Maria ihre Wohnung betrat und das Licht anschaltete, sprang der große Zeiger an ihrer Wanduhr gerade dorthin, wo der kleine Zeiger bereits war: Auf die Zwölf. Maria gähnte laut. Nun war es wieder viel zu spät geworden. Entschlossen griff sie zum Telefonhörer und wählte Georgs Nummer. Das Besetztzeichen ertönte. Seltsam! Mit wem mochte er wohl telefonieren – mitten in der Nacht?

»Ich habe mich wohl verwählt«, murmelte Maria. Sie tippte die Zahlen erneut ein, doch das Resultat blieb gleich. Wieder kroch dieses seltsame Gefühl in ihr hoch, diese Ahnung, dic sich nicht konkretisieren ließ.

Unschlüssig griff Maria zu ihren Tarotkarten. Wie immer lagen sie auf dem kleinen Tischchen direkt am Fenster. Das abendliche Kartenlegen hatte sich als ein unverzichtbares Ritual in ihr Leben eingeschlichen, doch diesmal hielt ihre innere Stimme sie zurück. Eva hat recht, dachte sie, ich spinne! Entschlossen legte sie die Karten zurück, schenkte sich ein Glas von dem trockenen Spätburgunder ein, schaltete den Fernseher an und machte es sich auf dem Sofa bequem. Bestimmt würde Georg gleich bei ihr anrufen.

Als Maria aufwachte, war es bereits hell. Der Rücken tat ihr höllisch weh, der Fernseher lief immer noch, sie lag angezogen auf dem Sofa und – Georg hatte nicht mehr bei ihr angerufen! Die Augenlieder fielen ihr schläfrig zu. Blut, überall war Blut – Schreie, nein, es waren Sirenen zu hören ... Die Bilder und Geräusche verschwanden so schnell, wie sie gekommen waren. Kalter Schweiß trat auf Marias Stirn. Sie öffnete entsetzt die Augen und stand auf.

»Es war nur ein Alptraum«, sagte sie laut, aber dennoch schlug ihr das Herz bis zum Hals. Es waren die gleichen Bilder, die sie schon seit Tagen verfolgten. Ich muss einfach nur vorsichtig sein, dachte sie, dann wird mir schon nichts geschehen. Es ist nur eine Warnung!

Ein Blick auf die Uhr trieb sie zur Eile an.

Gegen Mittag würden ihre Geburtstagsgäste kommen und sie hatte noch nichts vorbereitet. Sie summte vor sich hin, während sie kunstvoll die Torte verzierte.

Georg hatte unlängst kleine Andeutungen gemacht und ihr dabei verheißungsvoll zugezwinkert. Sie dufte annehmen, dass er ihr heute einen Antrag machen würde. Es wurde ja auch langsam Zeit. Endlich eine gemeinsame Wohnung suchen, endlich zusammenziehen, endlich heiraten, endlich Kinder bekommen ...

Heute vor genau sieben Jahren haben wir uns kennengelernt und ich liebe ihn mit jedem neuen Tag mehr, dachte Maria sehnsüchtig. Sie verdrängte schnell den Gedanken, dass diese Zahl ein schlechtes Omen sein könnte.

Als Georg bei Maria eintraf, war von der Geburtstagstorte schon nichts mehr übrig.

»Wo hast du denn so lange gesteckt?«, fragte Maria leicht vorwurfsvoll, griff nach dem ihr entgegengestreckten Blumenstrauß und schob Georg entschlossen in das Wohnzimmer.

»Sieben Geburtstagsgäste?«, unkte Georg, als er jedem Gast die Hand schüttelte. »Wenn das mal gutgeht!«

Er nutze das Gelächter der Anwesenden, um Evas Hand einige Sekunden länger festzuhalten, als es für eine Begrüßung üblich war.

»So schön und immer noch ohne männliche Begleitung?«, feixte er und deutete einen Handkuss an.

»Das wird sich bald ändern«, mischte sich Maria ein. Sie stellte die Blumen ins Wasser und deutete auf ihre Tarotkarten. »Es liegt schon ein Mann ganz in Evas Nähe. Die Verbindung steht bisher leider unter keinem guten Stern, aber sobald ihr Herz-König sich aus einer alten Beziehung gelöst hat, steht dem Glück bestimmt nichts mehr im Wege!«

»Dann kann ja nichts mehr schiefgehen. Prost!«, sagte Brigitte, eine Freundin aus frühesten Kindertagen.

Sie hob gutgelaunt ihr Sektglas. »Wer weiß schon, was noch alles geschieht im Leben – oder womöglich sogar heute«, sie zwinkerte Maria, die ihr gegenüber eine Andeutung gemacht hatte, vielsagend zu.

»Genau! Alles kann geschehen ...«, sagte Georg und ließ sich schwungvoll auf das Sofa fallen. Hatte er die Andeutung nicht verstanden oder wollte er sie nicht verstehen, dachte Maria irritiert. Nur Brigitte bemerkte, dass Eva verlegen zu Boden sah und rot wurde. »Das gibt heute wohl nichts mehr«, murmelte sie fast unhörbar, doch Maria hatte die Worte verstanden. Bestimmt macht Georg mir später einen Antrag, dachte sie im Stillen, wahrscheinlich sogar erst, wenn wir alleine sind. Es wird ihm jetzt vermutlich peinlich sein.

Die anderen Geburtstagsgäste waren schon längst gegangen, als auch Eva sich erhob und nach ihrem Mantel griff.

Maria warf Georg einen verliebten Blick zu. »Der Rest der Nacht gehört nur uns«, flüsterte sie ihm schnell ins Ohr, bevor sie Eva zur Tür begleitete. Sie umarmte die Freundin zum Abschied herzlich.

»Tja, ich gehe dann jetzt auch mal«, sagte Georg schnell. Hastig und fast lieblos drückte er Maria einen Kuss auf die Wange, schob sich an ihr vorbei und öffnete die Tür zum Flur. »Ich bringe dich noch rasch nach Hause«, sagte er und hakte sich bei Eva unter. Seine Stimme sollte salopp klingen, aber es wurde ein peinliches Krächzen daraus.

Diesmal bemerkte Maria die kurzen aber innigen Blicke, die Georg und Eva sich verstohlen zuwarfen, so flüchtig wie der Flügelschlag eines Schmetterlings und dennoch von einer unermesslichen Tragweite.

Erst das laute Geräusch der ins Schloss fallenden Haustür holte Maria in die Wirklichkeit zurück. Wie in Trance ging sie ins Wohnzimmer, löschte das Licht und starrte durch das Fenster.

Es dauerte nur einen kurzen Moment, bis ihre Augen sich an die Dunkelheit gewöhnt hatten, bis sie erkannte, dass Georg und Eva sich verliebt küssten, bevor er ihr galant die Autotür öffnete und der Wagen Sekunden später mit quietschenden Reifen davonfuhr. Ein unbändiger Hass durchzog ihren Körper wie ein tobendes Flammenmeer. In der Ferne schlug eine Turmuhr zur Mitternacht.

Marias Blick fiel auf ihre Tarotkarten.

»Der Mann in deiner Nähe ist Georg – mein Georg!«, flüsterte Maria leise. Ihre Augen verengten sich zu kleinen Schlitzen und makabere Visionen drohten ihren Schädel zu zersprengen. »Blut«, hauchte sie wie in Trance, »überall wird euer Blut sein!«

Als die Kölner Polizei in dieser Nacht gerufen wurde und am Unfallort eintraf, bot sich ihnen ein grausamer Anblick. Laut Zeugenaussagen verlor der Fahrer des dunkelblauen Sportwagens plötzlich und aus ungeklärter Ursache die Kontrolle über sein Fahrzeug. Der

Wagen raste mit überhöhter Geschwindigkeit und ungebremst gegen einen Betonpfeiler.
In den Pressemeldungen des nächsten Tages konnte man lesen, dass sich der Unfall genau um 24 Uhr ereignete. Sowohl der Fahrer des Wagens, Georg H., 35 Jahre, als auch seine Beifahrerin Eva K., 28 Jahre, waren auf der Stelle tot.

Tabletten-Cocktail

Er nahm täglich Tabletten,
die sollten sein Leben retten.
Er schluckte viele, Stück für Stück,
und er verlor den Überblick.
So kam es, dass er sich verzählte
und von den falschen vier Stück wählte.
Die Dosis hielt sein Herz nicht aus,
man trug ihn auf der Bahre raus.

Da kann man wieder sehen:
So schnell kann's gehen!

Magische Momente

Die beiden schlanken Männer erregten Silkes Aufmerksamkeit. Sie hatten die gleichen markanten, südländischen Gesichtszüge. Vermutlich Brüder. Zu dieser nächtlichen Stunde fielen sie hier am Bahnhof schon allein durch ihre Kleidung auf. Die Hemden sahen aus, wie frisch gestärkt und die Krawatten passten nahezu perfekt zu den eleganten Anzügen. Als der Zug einfuhr verabschiedeten sie sich herzlich voneinander.

«Hasta pronto, Pedro! Wir sehen uns dann in Madrid«, sagte der Mann mit den etwas kürzer geschnittenen Haaren. Der Angesprochene erhielt noch einen freundlichen Knuff in die Seite.

«Pedro« heißt er also, dachte Silke, während sie zielsicher die gleiche Zugtür ansteuerten. Galant ließ ihr besagter Pedro den Vortritt und reichte ihr ihren Koffer an. Als ihre Blicke sich trafen, spürte Silke Schmetterlinge im Bauch. Was für Augen! Bei diesem Mann könnte ich schwach werden, dachte sie.

»Einer schönen Frau helfe ich immer gerne«, erklärte der Fremde. Er strahlte Silke mit beneidenswert schneeweißen Zähnen an.

Sie fühlte, wie ihr Gesicht rot anlief, bedankte sich schnell für die Hilfe und begab sich auf die Suche nach ihrem Schlafwagenabteil. Er blieb direkt hinter ihr, sie konnte seine Nähe fast körperlich fühlen. Glücklich, ihr Abteil schnell gefunden zu haben, stellte sie nach wenigen Metern den Koffer ab und ließ ihren Helfer vorbei.

Mit einem siegessicheren Lächeln stellte auch er seinen Koffer ab. Er hatte das Abteil direkt nebenan! Was für ein netter Zufall, dachte Silke erfreut. Die Voraussetzungen, sich während der Fahrt näher zu kommen, waren gut.

Kurze Zeit später ließ sie sich erschöpft ins Bett fallen. Sie war hundemüde. »Hoffentlich träume ich etwas Schönes«, flüsterte sie leise, »denn was man in der ersten Nacht in einem fremden Bett träumt, soll bekanntlich in Erfüllung gehen!«

Das monotone Rattern des Zuges sang sie in den Schlaf.

»Mi Amor, vergib mir«, hauchte Pedros dunkle Stimme zärtlich in Silkes Ohr. »Ich habe mich sofort in dich verliebt, ich muss in deiner Nähe sein …«

Seine Hände liebkosten ihren Körper, während seine Lippen sich zärtlich auf die ihren legten. Sie erwiderte den Kuss mit einer nie gekannten Leidenschaft. Ihr Körper drängte sich ihm entgegen, während ihre Hände über seinen Rücken glitten, seine nackte warme Haut fühlten und behutsam ertasteten, was ihren Augen bislang verborgen geblieben war. Heiß fühlte sie seinen Atem an ihrem Hals, heiß schmiegte sich sein Leib an den ihren. Sie fühlte ihn überall und mit jeder Faser ihres Körpers.

Ihr eigenes, lautes Stöhnen riss Silke aus dem Schlaf. »Pedro«, flüsterte sie, doch ihre suchenden Hände griffen ins Leere. Verwundert öffnete sie die Augen. Durch die Vorhänge fiel das dämmernde Licht des neuen Tages. Sie war alleine in ihrem Abteil. Alles war leider nur ein Traum, dachte Silke ernüchtert. Schnell schloss sie wieder die Augen, hoffte, die Bilder noch einmal zurückholen zu können. Ihre Lippen küssten noch einmal verspielt das kleine Muttermal an Pedros Hals, ihre Finger streichelten noch einmal seinen muskulösen, männlichen Körper, alles in ihr fühlte ihn noch einmal ganz intensiv.

Das laute Pfeifen des Zuges holte Silke in die Wirklichkeit zurück. Sie sah auf ihre Armbanduhr. Paris! Gleich würde sie umsteigen müssen. Eile war geboten. Schnell zog sie sich an und packte ihre im Abteil verstreuten Sachen ein.

Wieso ist denn die Tür nicht verriegelt, dachte sie verblüfft, als sie das Abteil verlassen wollte. Hatte sie gestern Abend tatsächlich vergessen die Tür abzusperren? Sie konnte sich nicht mehr erinnern, aber ein unangenehmes Gefühl beschlich Silke noch nachträglich. Nicht auszudenken, was ihr alles hätte zustoßen können! Sie schleppte ihren Koffer zur Ausgangstür und stellte ihn ab. Keine Spur von Pedro – wie schade!

Beim Umsteigen in den nächsten Zug half ihr niemand. Sie musste den Koffer alleine in den Zug hieven. Wo mochte dieser Pedro wohl sein? Sein Reiseziel war doch ebenfalls Madrid, also musste auch er den Zug wechseln. Verstohlen blickte sie sich um, doch er war nirgendwo zu sehen. Enttäuscht schleppte sie ihren Koffer in das Abteil, setzte sich ans Fenster und schalt sich eine Närrin. Was wollte sie denn von diesem Pedro? Nur weil sie von ihm geträumt hatte, musste sie doch nicht gleich ausflippen!

Ein mitgenommener Roman lenkte Silke etwas ab, verdrängte den unbekannten Mann kurzfristig aus ihren Gedanken. Die letzten Stunden der Reisezeit zogen sich hin wie Kaugummi. Ihre Augen fielen immer häufiger zu, bis sie das Buch zur Seite legte und der Müdigkeit freien Lauf gab.

Da war er wieder, der Mann, der sich Pedro nannte. Wieder küsste sie im Traum zärtlich seinen Hals und wieder blieb ihr dieses Muttermal in Erinnerung, als sie durch das laute Quietschen der Zugbremsen geweckt wurde. Sie öffnete widerwillig die Augen. Der Zug hielt in Alsasua. Warum, um alles in der Welt, träume ich andauernd von einem Muttermal, dachte sie verwirrt. Wenn es seine Augen gewesen wären oder seine Hände – aber ein Muttermal? Sie hatte seinen Hals keines Blickes gewürdigt, dessen war sie sich sicher, zumal durch seine hochgeschlossene Kleidung davon ohnehin wenig zu sehen gewesen wäre.

Um dreiundzwanzig Uhr hielt der Zug in Madrid-Chamartin. Dort musste Silke aussteigen. Ihr Hotel befand sich ganz in Bahnhofsnähe. Die Sekretärin ihrer Firma hatte es für sie gebucht.

Ein wenig wehmütig, dass sie Pedro wohl nie mehr sehen würde, stand sie im Gang und wartete darauf, dass der Zug anhielt. Plötzlich spürte sie einen warmen Atem in ihrem Nacken. Pedro – sie wusste sofort, dass er es war, aber sie würde sich nicht umsehen!

Die Türen öffneten sich und die Menschen drängten hinaus ins Freie. Fieberhaft überlegte sie, wie sie es anstellen könnte, ihn in ein Gespräch zu verwickeln. Es war ihre letzte Chance!

Wenn das Universum Wünsche erfüllt, dann, liebes Universum, werde nun tätig. Ich brauche gerade dringend deine Hilfe, betete Silke in Gedanken. Sie bemühte sich inständig, ihre ganze Energie in besagtes Universum zu senden. Einen Versuch war es wert!

»Buenas tardes, Senorita!«, sagte Pedro gutgelaunt und seine Stimme brachte alles in ihr zum klingen.

Ihr Koffer, den sie in der Hand gehalten hatte, fiel geräuschvoll zu Boden. Sie bückten sich im gleichen Moment nach dem Gepäckstück und konnten einen Zusammenprall nur knapp verhindern. Lachend sahen sie sich an.

Er trug jetzt eine Bluejeans und ein weißes T-Shirt. Doch was war das? Ihr Blick blieb wie gebannt an einer Stelle seines Körpers hängen, die bei der Abfahrt in Frankfurt tatsächlich durch den hohen Hemdkragen verdeckt worden war. Atemlos und ungläubig starrte sie auf seine Haut. Er bemerkte ihren Blick und fuhr verlegen mit der Handfläche an seinem Hals entlang.

»Es ist ein Muttermal«, sagte er, wie zur Entschuldigung. »Ich habe es schon von Geburt an …«

»Ich weiß«, entfuhr es Silke, bevor sie es verhindern konnte. Sie wurde knallrot.

Pedro sah sie fragend an und forschte in ihren Gesichtszügen. »Wieso wissen sie das? Kennen wir uns schon länger?«, er war sichtlich irritiert.

Silke, die sich inzwischen wieder gefangen hatte, lächelte ihn vielsagend an. »Länger würde ich nicht sagen, aber besser als sie es ahnen«, sie schmunzelte. »Das müssen sie mir bitte erklären«, Pedro griff bereitwillig nach ihrem Koffer trug ihn für sie über den Bahnsteig.

Das ist die Chance, um die ich das Universum gebeten habe, dachte Silke erheitert, warf einen dankbaren Blick in den nächtlichen Sternenhimmel und laut sagte sie: »Sehr gerne erkläre ich Ihnen das, aber die Geschichte ist etwas kompliziert und sehr spannend – vielleicht morgen Abend bei einem Glas Rotwein ..?«

Bankgeheimnis

»Sonja!«, erfreut sah Judith durch die dicke Panzerglasscheibe. »Du arbeitet hier? Wie schön, dich nach so langer Zeit wieder mal zu sehen!«
Sonja schaute überrascht hoch und legte die Formulare zur Seite. »Judith – Britta!«, sagte sie erfreut. »Wo kommt ihr denn her?«
»Hallo!«, auch Britta nickte ihr kurz zu.
»Wir haben beruflich hier zu tun«, sagte Judith erklärend. »aber dass du in einer Bank arbeitest, hätte ich wirklich nicht gedacht. Und dann noch als Kassiererin«, ergänzte sie beeindruckt. »Ein sehr verantwortungsvoller Job, nicht wahr?«

»Das kannst du wohl annehmen«, beteuerte Sonja mit wichtiger Miene. »Diese Arbeit kann wirklich nicht jeder machen ...«, sie ließ das Satzende bedeutungsvoll offen und lachte gekünstelt. Judith übergab ihr den ausgefüllten Auszahlungsbeleg. »Und mit welchen Geldsummen du tagtäglich zu tun hast«, sagte sie bewundernd. »Du kennst bestimmt die reichsten Leute im Ort, oder?«

»Na klar!«, sagte Sonja. Sie holte tief Luft, um zu neuen Lobeshymnen über sich anzusetzen.

Britta gab Judith einen leichten Knuff in die Seite. »Unsere Zeit ist jetzt ein wenig knapp«, unterbrach sie das Gespräch. »Wir können uns heute Nachmittag zum Kaffee treffen und ein wenig über alte Zeiten erzählen.

Wann hast du denn Feierabend?«, wollte sie von Sonja wissen.

»17 Uhr, aber ...«

»Kein aber! Wir holen dich nachher hier ab und laden dich zum Kaffee ein! Cafe Leien gibt es doch noch, nicht wahr?«

Brittas Tonfall duldete keinen Widerspruch.

»Ja«, sagte Sonja überrumpelt und sah den beiden irritiert nach, als sie die Bank verließen.

»Die war ganz sprachlos vor Glück«, stellte Judith fest, als sie außer Hör- und Sichtweite waren. »Du hast sie völlig mundtot gemacht!«

»Das war auch dringend nötig«, Britta grinste »Die hat sich auch im Laufe der Jahre nicht verändert: Redet ohne Ende und hält sich für den Nabel der Welt!«

»Das kann uns nur recht sein. Je mehr sie erzählt, desto besser!«

Judith machte eine siegessichere Handbewegung.

»Freunde von dir?«, fragte Axel Steins interessiert. Er holte Sonja, die immer noch auf die Eingangstür starrte, aus ihren Gedanken zurück.

»Ja, eigentlich schon ...«

Sonja drehte sich herum, als sie von ihrem Kollegen angesprochen wurde.

»Frühere Schulfreundinnen von mir, aber wir haben uns seit Jahren nicht mehr gesehen«, sagte sie erklärend

»Dafür war das aber ein recht kurzes Gespräch. Sonst haben sich Frauen doch immer so viel zu erzählen«, feixte Axel. Er schickte sich an, wieder an seinen Schreibtisch zurückzukehren.

»Keine Sorge«, rief Sonja ihm nach, »wir gehen heute Nachmittag zusammen Kaffee trinken, da holen wir alles nach. So schnell wird uns der Gesprächsstoff nicht ausgehen!«

»Pünktlich kommt man hier nie raus«, sagte Sonja entschuldigend, als sie mit leichter Verspätung das Bankgebäude verließ und auf Britta und Judith zueilte, die bereits warteten. Die drei Frauen schlenderten langsam in Richtung Fußgängerzone.

»Was gab es denn noch Wichtiges zu erledigen?«, fragte Britta interessiert und hielt den beiden anderen die Tür zum Cafe Leien auf. Sie suchten sich einen gemütlichen Ecktisch aus, an dem man ungestört plaudern konnte und gaben ihre Bestellung auf.

»Bestimmt musste sie noch das ganze Geld in den Tresor einschließen«, sagte Judith provozierend und gab Sonja damit eine gute Vorlage für einen minutenlangen Monolog.

»Für den Tresor und die Alarmanlage bin ich natürlich auch zuständig«, sagte Sonja, die sofort auf das Stichwort ansprang. Sie war kaum noch zu bremsen.

Britta und Judith tauschten sich per Augenkontakt aus. »Du bleibst also auch während deiner Mittagspause fast immer in der Bank«, wiederholte Britta scheinheilig, als Sonja kurz ihren Redefluss unterbrach, um einen Schluck Kaffee zu trinken.

Judith verkniff sich ein Grinsen. Britta ist genial, dachte sie. Sie zwinkerte ihr kurz anerkennend zu. Entspannt lehnte sie sich zurück um dem Gespräch seinen Lauf zu lassen. Es wurde noch ein langer Abend, obgleich Britta und Judith das so nicht geplant hatten.

»Ich bin völlig erledigt«, stöhnte Britta gequält auf, als sie kurz vor Mitternacht die Tür hinter sich ins Schloss fallen ließ. Aus dem Badezimmer waren Geräusche zu hören.

»Hi, Jürgen, wir sind wieder zurück«, rief Britta. Sie klopfte kurz an die Badezimmertür. »Wir haben dir jede Menge zu erzählen!«

Sie ließ sich auf das Sofa fallen. Judith folgte ihrem Beispiel.

Die Badezimmertür öffnete sich und ein Mann mittleren Alters, ein Handtuch lässig um die Hüfte geschwungen, trat heraus.

»Ist euer Plan aufgegangen?«, fragte er und seine Stimme klang leicht verschnupft.

Judith nickte heftig mit dem Kopf. »Sonja ist ziemlich anstrengend, weil sie ohne Ende redet, aber die nötigen Informationen haben wir jetzt!«

»Ein wenig anstrengend ...«, tönte Britta und verdrehte die Augen, »das ist wohl dezent untertrieben!«

Jürgen schniefte geräuschvoll in ein Taschentuch. »Hoffentlich bekomme ich keine Erkältung. Das würde jetzt noch fehlen«, murmelte er, während er interessiert der Berichterstattung lauschte. An viel Schlaf war in dieser Nacht ohnehin nicht mehr zu denken.

Am nächsten Tag waren Britta und Judith noch hundemüde. Alles ging nur schwer von der Hand, aber Judith tippte mahnend auf die Uhr. »Wir müssen jetzt los«, sagte sie. »Die Bank macht gleich zu, es ist schon viertel vor eins!«

»Ich bin soweit«, antwortete Britta. Sie zog ihre Jacke über und hielt Judith die Flurtür auf. »Hat Jürgen eigentlich gesagt, wie lange wir bei ihm wohnen dürfen?«, fragte sie, während Judith die Tür sorgfältig absperrte.

»Solange wir wollen, Jürgen sieht das nicht so eng. Er will uns dafür mal in München besuchen«, Judith winkte beruhigend ab. »Hast du deinen Autoschlüssel dabei, sonst schaffen wir es nicht mehr?«, fragte sie.

Britta nickte.

Die Bank war fast menschenleer, als Judit und Britta den Schalterraum betraten.

Sonja war irritiert. Sie schaute Britta und Judith fragend an. »Was treibt euch denn schon wieder her?«

»Wir wollten dich in deiner Mittagspause zu einem kleinen Stadtbummel entführen«, mühelos verwickelte Britta Sonja in ein Gespräch, während Judith durch den

Raum schlenderte und zur Tarnung die ausgelegten Prospekte betrachtete. Unauffällig ließ sie ihre Blicke schweifen. In dieser kleinen Bankfiliale arbeiteten nur drei Leute: Sonja Meier, ihr Kollege Axel Steins und der Bankdirektor Bernd Müller. Jeder erledigte hier alles und jeder vertrat hier jeden.

Das Vorteilhafte war, dass diese Bank – von dem Einzelbüro des Direktors einmal abgesehen – nur einen einzigen großen Arbeitsraum hatte. Dieser war gut überschaubar.

Die Tür zu Müllers Büro stand einladend offen und gab den Blick auf seinen Schreibtisch und auf einen großen runden Besprechungstisch frei. Von Müller selber keine Spur, nur ein Schlüsselbund lag mitten auf der Schreibtischunterlage.

Axel Steins der in ein Telefongespräch vertieft war, bemerkte Judith überhaupt nicht.

»Ich kann hier nicht weg«, sagte Sonja gerade laut zu Britta. »Herr Müller ist erst um 15 Uhr wieder da, weil er zur Massage musste. Er erwartet aber einen wichtigen Anruf, es geht um seine Seminarbestätigung, deshalb muss jemand den Telefondienst übernehmen – auch während der Mittagszeit.«

»Was ist denn mit deinem Kollegen?«, fragte Britta und deutete auf Axel.

»Das geht auch nicht. Axel fährt mittags immer nach Hause, weil seine Mutter für ihn kocht«, begleitend zu ihren Worten schüttelte Sonja den Kopf.

»Schade«, sagte Britta bedauernd und tat so, als käme ihr just in diesem Moment ein genialer Einfall.

»Aber wir können doch hier zusammen Pause machen, oder? Ich hole uns schnell eine Kleinigkeit vom Italiener, dann machen wir es uns hier gemütlich!«
Sonja zögerte. Die Situation entglitt ihr gerade völlig.

»Dann kannst du sogar nebenbei ans Telefon gehen, wenn es läutet«, Brittas resoluter Ton duldete keinen Widerspruch. »Ich bin gleich wieder zurück«, rief sie, während sie in Richtung Tür eilte. »Judith kann direkt hier bleiben, das schaffe ich schon alleine!«

Noch bevor Sonja Einspruch erheben konnte, war Britta verschwunden.

»Wo ist sie hin?«, fragte Judith, die sich langsam wieder der Kasse näherte. Sie mimte gekonnt die Ahnungslose.

»Sie holt uns Essen vom Italiener«, antwortete Sonja und verzog ratlos das Gesicht. »Ich finde die Idee zwar nicht so gut, aber ich konnte sie nicht mehr davon abhalten. Hoffentlich gibt das keinen riesigen Ärger für mich«, fügte sie unsicher hinzu.
Ihr Kollege unterbrach ihre Gedanken abrupt.

»Ich bin jetzt kurz weg«, sagte Axel Steins, stand von seinem Schreibtisch auf, griff nach seinem Autoschlüssel und ging zügig zur Tür.

»Schließt du die Bank gleich zu?«, fragte er Sonja. »Bleibt die hier?«, flüsterte er leise und deutete mit einem kurzen Kopfnicken in Judiths Richtung.

»Das ist schon in Ordnung. Britta kommt auch wieder. Wir machen zusammen Pause«, flüsterte Sonja zurück. »Es gefällt mir auch nicht so richtig, aber überfallen und ausrauben werden die mich bestimmt nicht!«

»Hoffen wir es!«, feixte Axel und schlenderte von dannen.

Gerade als Sonja die Tür verschließen wollte, kam Britta mit einem großen Paket auf dem Arm zurück. »Es gibt Futter«, lachte sie, durchquerte mit schnellen Schritten den Raum und ließ sich an Müllers Besprechungstisch nieder.

»Hoffentlich denkt in eurer Überwachungszentrale keiner, dass das ein Banküberfall ist«, grinste sie und deutete auf die Kameras an der Decke.

»Nein, bestimmt nicht«, auch Sonja musste lachen. »Die Kameras lösen wir hier nur im Bedarfsfall aus, die laufen nicht immer!«

Wie kann ein Mensch nur so blöde sein, dachte Judith. Laut sagte sie: »Na, dann ist wohl alles in bester Ordnung! Habt ihr hier auch Besteck?«

»In der Küche. Ich hole es sofort!«

Sonja verschwand in der Küche.

»Wir müssen die Gelegenheit jetzt nutzten, so eine Chance kommt nicht wieder«, raunte Judith.

»Aber was ist mit Jürgen? Wir haben den Plan nicht für heute gemacht«, Britta klang skeptisch.

Sie hörten, wie Sonja in der Küche mit dem Besteck klapperte.

»Wir versuchen es!«

Mit drei Schritten war Judith am Schreibtisch und ließ die Schlüssel in ihrer Hosentasche verschwinden. Gut, dass ich den weiten Pulli übergezogen habe, dachte sie.

»Oh Schreck«, sagte Judith laut und schlug sich mit der flachen Hand vor die Stirn, gerade in dem Augenblick, als Sonja wieder den Raum betrat.

»Was ist?«, fragte Sonja und sah Judith verwundert an. »Hast du etwas vergessen?«

»Ich habe das Bügeleisen vorhin nicht ausgeschaltet. Ich muss kurz nach Hause fahren und es abstellen, bevor etwas passiert«, jammerte Judith.

»Ich lass dich schnell zur Tür raus«, sagte Sonja mitfühlend. »Wir warten mit dem Essen, bis du zurück bist …«

Während Sonja Judith zur Tür begleitete, tippte Britta wie wild auf ihr Handy ein. Jürgen meldete sich.

»Sie kommt jetzt mit den Schlüsseln«, flüsterte Britta und schaltete das Gerät schnell wieder aus, als Sonja ins Zimmer kam. Sie hatte zum Glück nichts bemerkt.

»Man kann die Pizza zur Not auch kalt essen, so schlimm ist das nicht«, sagte Britta laut und atmete tief durch. Gut, dass sie Jürgen noch vorgewarnt hatte!

»Wo warst du nur so lange«, fragte Sonja skeptisch, als sie Judith eine halbe Stunde später wieder in die Bank ließ.

»Gute Frage …«, Judith setzte sich mit einem erleichterten Seufzer hin, um etwas Zeit für die Antwort zu schinden. »Sowohl zu Hause als auch hier war weit und breit kein Parkplatz zu bekommen. Glücklicherweise war alles in Ordnung mit dem Bügeleisen, aber das hätte übel enden können. Hast du vielleicht ein Glas Wasser für mich?«, fragte sie, leicht atemlos.

»Klar doch«, antwortete Sonja. Sie verschwand erneut in der Küche.

Rasch sprang Judith auf, zog den Schlüsselbund aus ihrer Tasche und platzierte ihn wieder auf dem Schreibtisch. Das war knapp, dachte sie, denn gerade in diesem Augenblick kam auch Sonja mit dem Glas Wasser zurück.

»Danke schön! Jetzt ist alles in Ordnung«, sagte Judith erleichtert und strahlte über das ganze Gesicht.

Sonja, der die Situation ein wenig merkwürdig vorkam, fiel ein Stein vom Herzen, als die Mittagzeit vorbei war. Endlich verließen die beiden Schulfreundinnen wieder die Bank, gerade noch rechtzeitig, bevor der Filialleiter auf der Matte erschien.

Zuhause wartete auf Judith und Britta ein regelrechtes Donnerwetter.

»Wie könnt ihr so ein Chaos veranstalten?«, tobte Jürgen. Er kochte vor Wut.

»Reg dich wieder ab«, Judith zeigte sich von dem Ausbruch völlig unbeeindruckt. »Besser hätte es nicht laufen können!«

»Natürlich! Klasse!«, tönte Jürgen maulend weiter. »Und wenn ich nun nicht zur Verfügung gestanden hätte um die Abdrücke so schnell zu machen, was dann?«

»Dann hätte ich Knetgummi gekauft und sie selber gemacht«, nun verschärfte sich auch Judiths Tonfall. »Ist es jetzt gut!?«

»Hört auf, euch anzubrüllen – wir müssen jetzt alles Weitere vorbereiten«, mischte Britta sich ein, um die Streithähne zu trennen. »Es war nicht so geplant, OK, aber alles hat letztendlich reibungslos funktioniert. So eine gute Gelegenheit hätten wir später vermutlich nicht mehr bekommen. Wir können die Sache nun früher durchziehen, dann haben wir es hinter uns!«

Ihre Worte wirkten beruhigend. Hier war keine Zeit für Streitereien, denn die nachfolgenden Abläufe mussten gut durchdacht werden.

Mürrisch schleppte Axel zwei Schlafsäcke in die Bankräume und sah Sonja strafend an.

»Nachtwache in der Bank, da hast du uns was Schönes eingebrockt mit deiner Geschwätzigkeit«, sagte er missmutig.

Sonja sah betreten zu Boden. »Wer denkt denn auch an so etwas«, verteidigte sie sich kleinlaut. »Das unser Müller seine Wohnung über den Bankräumen hat, ist kein Geheimnis – und an welchen Tagen er zum Seminar weg ist, hat Judith vermutlich bei deinem Telefonat mit der Hauptverwaltung aufgeschnappt!«

»Wie auch immer, sobald Müller wieder da ist, müssen wir ihm alles erzählen, damit er deine feinen Freunde mal überprüfen lässt. So ein Mist«, fluchte Axel laut, »wir können die automatische Überwachung nicht einschalten, wenn wir selber im Gebäude bleiben, sonst lösen wir Alarm aus! Falls etwas passiert, bleibt uns nur die manuelle Auslösung!«

Es war genau 1.35 Uhr in der Nacht, als Axel, der seinen Schlafsack an der Sicherheitstür zum Flurausgang platziert hatte, durch ein leises, verhaltenes Nießgeräusch geweckt wurde. Sofort war er hellwach und auf den Beinen. Angestrengt lauschte er in die Dunkelheit. Es machte sich jemand am Hauseingang auf der Nebenseite zu schaffen, soviel war klar. Sonja schief im Kassenraum und hatte offensichtlich nichts gehört. Er überlegte fieberhaft, was er nun tun sollte. Helden haben keine Angst, dachte Axel und schloss leise, seinen Baseballschläger zum Schlag bereithaltend, die Sicherheitstür zum Flur auf. Vorsichtig öffnete er die schwere Tür einen Spalt breit. Eine dunkle Gestalt huschte durch den Flur und näherte sich der Tür. Er zögerte nicht lange: Ein Sprung, ein Schlag, ein dumpfer Aufprall und schon lag der Eindringling bewegungslos am Boden. Er schaltete das Flurlicht an.

Sonja, durch die Geräusche aufgeschreckt, kam herbeigeeilt und starrte auf den am Boden liegenden Mann. »Wer ist das denn?«, fragte sie geschockt.
Axel zuckte mit den Schultern.

»Ich kenne ihn nicht«, sagte er.

Von draußen war ein verhaltenes Rufen zu hören, begleitet von Klopfgeräuschen.

»Das sind Judith und Britta«, flüsterte Sonja. »Was wollen die denn hier? Wir müssen die Polizei rufen!«

Die Stimmen und die Klopfgeräusche wurden immer eindringlicher.

»Kein Alarm auslösen – kein Licht in den Bankräumen einschalten. Wir können alles erklären!« Brittas Stimme wurde etwas lauter. »Macht uns die Tür auf!«

Zögernd, den Baseballschläger weiterhin fest im Griff, öffnete Axel die Tür.

»Jürgen!«, entsetzt starrte Britta auf die am Boden liegende Männergestalt. »Was ist mit ihm?«

Judith hatte sich niedergekniet und gab Entwarnung. »Der kommt gerade wieder zu sich«, sagte sie und wie auf Kommando öffnete Jürgen stöhnend die Augen und tastete mit seiner Hand den Kopf nach einer Verletzung ab. Judith half ihm aufzustehen.

»Ruf die Polizei an«, Axel gab Sonja mit der Hand ein Zeichen in Richtung Telefon, »ich halte die Drei unter Kontrolle.«

»Rede keinen Quatsch«, Britta hielt Sonja am Arm fest. »Ihr braucht keine Polizei zu rufen, die ist schon hier. Wir sind von der Drogenfandung«, erklärte sie, zog ihren Ausweis hervor und hielt ihn Sonja und Axel mit ausgestrecktem Arm hin.

»Ihr seid bei der Polizei?«, fragte Sonja fassungslos. »Und wieso wollt ihr dann eine Bank ausrauben?« Sonja verstand die Welt nicht mehr.

»Wir wollen keine Bank auszurauben«, erklärte Judith und schüttelte den Kopf. »Jürgen muss für ein paar Minuten in Müllers Wohnung, genauer gesagt, an seinen PC, um Daten herunterzuladen. Er ist unser Computerspezialist. Nicht legal, diese Aktion, aber Müller ist ein wichtiger Mann im Drogengeschäft. Seine Position als Bankdirektor gibt ihm einen seriösen Hintergrund, doch der Schein täuscht. Unsere Kollegen sind seit Monaten hinter ihm her, aber keiner kann ihm bis jetzt etwas nachweisen ...«

»Und dann seid ihr auf die Idee gekommen, mich zu benutzen?«, entsetzt schaute Sonja in die Runde.

»Wir hatten keine andere Möglichkeit. Eine Durchsuchungsgenehmigung hätten wir zum jetzigen Zeitpunkt nicht bekommen. Es hätte aber akut die Gefahr bestanden, dass Müller vorher einen Hinweis bekommt und wichtige Daten verschwinden lässt. Wir kennen noch nicht alle Verbindungsmänner«, erklärte Jürgen und rieb sich seinen schmerzenden Kopf.

»Und wie wollt ihr in die Wohnung kommen?«, fragte Axel und schaute das Trio interessiert an.

Britta klimperte mit einem Schlüsselbund und hielt ihn in die Luft.

»Müllers Schlüsselbund«, stellte Sonja verblüfft fest. »Woher hast du diese Schlüssel?«

»Jürgen hat Abrücke davon genommen, als ich angeblich wegen des eingeschalteten Bügeleisens nach Haus musste«, grinste Judith.

»Ich Einfaltspinsel«, stöhnte Sonja und schlug sich mit der Hand auf die Stirn.

»Ich muss jetzt dringend an den PC«, mahnte Jürgen. Er sah auf die Uhr. »Wir können es uns nicht leisten, dass jemand auf uns aufmerksam wird!«

Einige Tage später herrschte in der kleinen Bankfiliale wieder ein reges Treiben zur Mittagszeit.

»Es ist nicht nachvollziehbar, wie die Drogenfahndung an die wichtigen Insiderinformationen kommen konnte«, zitierte Sonja aus einem Zeitungsbericht, »aber vermutlich hat ein Informant die nötigen Daten geliefert, die zu einem erfolgreichen Schlag gegen die Drogenmafia und zur Verhaftung von acht namhaften und hochrangigen Geschäftsmännern der Stadt geführt hat …«

»Wer mag da wohl so geschwätzig gewesen sein und die wichtigen Informationen ausgeplaudert haben?«, fragte Axel erheitert. Er stellte fünf gut gefüllte Pizzakartons auf dem Besprechungstisch ab.

Sonja schnitt ihm eine Grimasse. »Sehr witzig!«, sagte sie und stand von ihrem Stuhl auf. »Ich hole jetzt Bestecke und Gläser aus der Küche und ...«, sie schwang demonstrativ den Tresorschlüssel vor Brittas und Judiths Augen »den nehme ich diesmal auf jeden Fall mit. Sicher ist sicher!«

Wie das Leben so spielt

Sie hatte sich an ihn gewöhnt
und mit dem Schicksal ausgesöhnt.
Zuerst da wollte sie ihn nicht,
er war nun mal kein großes Licht.
Doch er umwarb sie tapfer weiter
und sie war auch nicht viel gescheiter.

Nun musste Sie ihn täglich sehn,
sogar mit ihm zu Bette gehn.
Doch ekelte der Kerl sie an –
er war halt nicht der Supermann.
Mal rülpste und mal pupste er,
auch die Hygiene fiel ihm schwer.

»Wie gerne würde ich ihn töten,
dann wär's vorbei mit meinen Nöten,
doch wie«, so fragte sie sich dann,
»stell ich den Mord am Besten an.
Gefängnis wäre nichts für mich,
ich liebe doch das Sonnenlicht!«

Zunächst braucht es für einen Mord,
deshalb auch den perfekten Ort.
Ein Alibi ist dann recht wichtig,
damit ein Mord klappt – gut und richtig.
Und ohne Opfer wird es schwer,
das muss natürlich auch noch her!

Nachdem der Plan Gestalt annahm,
das Schicksal in die Quere kam.
Der Gatte fiel mit Ungeschickt
und brach dabei sich das Genick.
Der Kellertreppe dunkles Stück
verhalf der Frau zum Eheglück.

So manche Frau, die hat halt Schwein,
da löst sich ein Problem allein.
Doch selten ist so'n Glück zu Stelle,
darum ein Rat – für alle Fälle:
Frau könnt' dem Ärger gleich entgehen,
würd' Frau sich Mann genau ansehen!

Ein Mann wie jeder

Er trug einen sehr langen Schwanz –
natürlich auf dem Haupt.
Er führte gut beim Tango-Tanz
und hat ihr Herz geraubt.

Sie liebte ihn von Kopf bis Fuß –
und was dazwischen war.
Er gab ihr einen heißen Kuss
und öffnete sein Haar.

Die Nacht mit ihm war wundervoll,
dann ging er von ihr fort,
sie träumte nur und fand ihn toll,
doch hörte sie kein Wort.

Er schrieb kein Mail, er rief nicht an –
er stand nicht vor der Tür.
Sie dachte nur an diesen Mann,
sie konnte nicht dafür.

Sie traf ihn eines Tages dann
und freute sich so sehr.
Sie sprach den Liebsten zärtlich an –
er kannte sie nicht mehr!

»Mit Ihnen hab ich nichts zu tun«,
so sprach er ziemlich barsch,
und sie erkannte jetzt ganz klar:
Auch er war nur ein Arsch!